Verzauberte Welten

ZAUBERBANN UND ZAUBERSPRÜCHE

Verzauberte Welten

ZAUBERBANN UND ZAUBERSPRÜCHE

von der Redaktion der Time-Life Bücher

Der Inhalt

Time-Life Bücher · Amsterdam

Kapitel Eins

Zwiespältige Mächte

Wer hätte ahnen können, daß Tristan und Isolde die Schöne in solcher Leidenschaft zueinander entbrennen sollten? Als sie sich zum erstenmal begegneten, trauerte die irische Königstochter um ihren im Kampf gefallenen Onkel. Getötet hatte ihn Tristan, ein englischer Ritter, der damit zum Feind Isoldes und ihrer ganzen Sippe geworden war. Doch die beiden lebten in einer Zeit der Wirren: Die Herrschaft von König Artus in Britannien näherte sich ihrem Ende, und mehr denn je bedrohten dunkle Kräfte, die in allen Winkeln der Erde weiterwirkten, die Menschen. Ein Zauber war es auch, der Tristan und Isolde in ihr auswegloses Schicksal verstricken sollte.

Schon Tristans Geburt war von schmerzlicher Tragik überschattet. Seine Mutter starb, als er das Licht der Welt erblickte. Mit ihrem letzten Atemzug gab sie dem Kind seinen Namen, der soviel wie der „leidvoll Geborene" bedeutete.

Leidvoll geboren oder nicht, Tristan war der Sohn des Königs von Lyonnesse, einem Land an der Spitze von Cornwall, das, wie die vielen anderen über die britischen Inseln verstreuten kleinen Reiche, Artus den Lehnseid geschworen hatte. Der Knabe genoß eine Erziehung, wie sie einem Königssohn gebührte. Als er alt genug war, wurde er nach Frankreich geschickt, damit er Sprache und Lebensart am Hofe und das Waffenhandwerk erlernte. Er wurde zum Meister des Saitenspiels, und er zeichnete sich als hervorragender Jäger aus. Mit achtzehn Jahren stand er in der Blüte seiner Kraft, und er zog an den Hof seines Onkels, des Königs Marke von Cornwall, um, wie es Brauch war, in den Ritterstand aufgenommen zu werden.

Der kornische König residierte zurückgezogen auf der windgepeitschten, meerumspülten Burg Tintagel, und er konnte einen tapferen Ritter gut gebrauchen, wie Tristan wußte. In seiner Vermessenheit hatte Marke etliche Zeit zuvor Irland den Tribut verweigert, den Cornwall jährlich zu entrichten hatte. Der irische König sandte seinen Schwager Marhaus, einen Bruder seiner Gemahlin, mit dem Auftrag, Marke vor eine einfache Wahl zu stellen: den Tribut zu zahlen oder einen Ritter zu nennen, der sich mit Marhaus im Zweikampf maß und so den Streit entschied. Marhaus hatte sein Lager auf einer der Küste vorgelagerten Insel aufgeschlagen und wartete auf die Antwort auf seine Herausforderung. Er mußte sich gedulden: Keiner von Markes Gefolgsleuten spürte Verlangen, mit Marhaus zu kämpfen.

Tristan jedoch suchte Ruhm und Ehre, und er bat König Marke, ihn zum Kampf antreten zu lassen. Und so setzte er eines Morgens zu Beginn des Frühlings die Segel und fuhr, von Marke zum Ritter geschlagen, zu der Insel. Marhaus, dem Markes Herold die Ankunft Tristans angekündigt hatte, erwartete ihn bereits. Hoch zu Roß, die Lanze fest in der Hand, den Schild geschultert, sah er mit ausdrucksloser Miene zu, wie Tristans

Mannen sein Pferd an Land führten und den jungen Ritter zum Kampf rüsteten.

Kurz darauf begann der rituelle Waffengang. Tristan und Marhaus forderten sich mit lauter Stimme heraus. Dann legten sie die Lanzen ein und ritten, den Körper mit hoch erhobenem Schild geschützt, in vollem Galopp aufeinander zu. Die Wucht des Aufpralls warf Pferde und Reiter zu Boden. Tristan sprang auf und zog sein Schwert. Blut strömte aus der Stelle seines Körpers, an der ihn Marhaus' Lanze getroffen hatte.

Die beiden Ritter umkreisten einander mit schwerfälligen Bewegungen; beide ächzten unter dem Gewicht von Panzer, Schild und Helm. Sie beobachteten sich durch die schmalen Schlitze in den Visieren, die ihre Gesichter verbargen. Wieder und wieder hieben sie mit schweren Breitschwertern aufeinander ein. Klirrend trafen die Klingen aufeinander, wirkungslos prallten sie an den Lederschilden ab. Da umklammerten sich die Kämpfer und rangen miteinander, verbissen stöhnend, Harnisch an Harnisch.

Marhaus war kampferfahrener, Tristan aber jünger. Der irische Ritter strauchelte, als seine Kräfte nachließen. Doch er fing sich schnell und hob gerade noch rechtzeitig sein Schwert, um Tristans Klinge abzuwehren. Wieder gingen sie aufeinander los, und Marhaus keuchte schwer. Seine Beine gaben nach, und er fiel zu Boden. Tristans Breitschwert sauste herab. Die scharfe Klinge durchtrennte Marhaus' Helm und fuhr tief in den Schädel, aus dem rotes Blut und Hirn hervorspritzten. Der Hieb war mit solcher Wucht geführt, daß der Stahl brach, und als Tristan sein Schwert wieder hochwuchtete, blieb ein Splitter in Marhaus' Haupt zurück.

Der Kampf war des jungen Ritters erster Schritt auf dem Wege, der ihn zu Isolde und zum Verlust seiner Ehre führte. Die Iren stachen in See und brachten ihren gefallenen Recken in die Heimat zurück. In Cornwall lag Tristan darnieder. Die Wunde in der Seite des jungen Mannes wollte nicht heilen, und mit jedem Tropfen Blut, den er verlor, wurde Tristan schwächer. Die Kunst der kornischen Kräuterweiber versagte. Eine Heilung, so verkündeten sie König Marke, sei nur in Irland möglich, dem Land, aus dem das Gift stammte. Und nur Isolde, Marhaus' Nichte und König Agwisances Tochter, könne das Leben des Kranken retten. Ihre Mutter, so hieß es, war eine Elfe, und das war wohl der Grund, warum Isolde über ungewöhnliche Heilkräfte verfügte.

Marke hörte auf ihren Rat und sandte den Kranken in der Obhut seines Knappen nach Irland. Zuvor warnte er sowohl den jungen Ritter als auch seinen Diener eindringlich, Tristans Namen preiszugeben: Es war nicht anzunehmen, daß die Iren ausgerechnet den Mann willkommen heißen würden, der ihren besten Recken erschlagen hatte. Wenige Wochen später wurde Tristan an einem strahlenden Maimorgen auf seiner Sänfte in den Hof im Inneren der Burg von König Agwisance getragen, die hoch über die Irische See aufragte. Sein kräftiger Körper war abgemagert und schwach, seine Haut grau und sein Haar vom Fieberschweiß verfilzt. Doch nun bewährte sich seine Erziehung in Frankreich. Als Isolde an einem Turmfenster neben ihren Vater trat und neugierig hinausspähte, da richtete er sich auf, ließ sich von seinem Knappen die Harfe reichen und spielte eine fröhliche Weise. Die Iren, die für ihre Musik wahrlich berühmt waren, lauschten entzückt. Es war eine erlesene höfische Geste. Tristan betrat die Halle von König Agwisance nicht als Bittsteller, sondern als Gast. Er nannte sich „Tantris von Lyonnesse" und gab an, in einem ritterlichen Duell zu Ehren einer Dame verwundet worden zu sein.

In den folgenden Wochen verbrachten Tristan und Isolde viel Zeit miteinander. Anfangs war er zu schwach, um die Kammer, die man für ihn hergerichtet hatte, zu verlassen, und Isolde saß stundenlang neben ihm, pfleg-

Ein Zaubertrank sollte König Marke von Cornwall für immer in Liebe und Leidenschaft mit Isolde von Irland verbinden. Aber der Liebesbann traf einen anderen.

te seine Wunde und hielt in fiebrigen Nächten bei ihm Wacht. Mit der Zeit erholte sich Tristan, und seine Lieder hallten durch die Gänge der Burg, in der Agwisance und seine Sippe noch immer den Tod des Ritters Marhaus beklagten.

Mit seinem süßen Gesang, seinem heiteren Wesen und freundlichen Blick gewann Tristan die Herzen der Iren und bezauberte nicht zuletzt Isolde. Seine Ritterlichkeit rettete ihn, als die irische Königin herausfand, daß der Splitter, den sie vorsichtig aus Marhaus' Haupt entfernt hatte, in eine Scharte an Tristans Schwertklinge paßte, und den Betrug aufdeckte. Sie beschwor Agwisance, Rache zu nehmen, doch der lehnte ab. Tristan, so sagte er kurz, habe ehrenvoll gehandelt und ritterlich gekämpft. Doch er verwies ihn zu seiner eigenen Sicherheit des Landes. Isolde weinte, als er aufbrach; in aller Unschuld schenkte sie ihm einen Ring und nannte ihn ihren treuen Ritter.

Tristan kehrte zu König Marke zurück, gesundet, gekräftigt und voll des schwärmerischen Lobes für Isoldes Schönheit. Er stürzte sich in die Jagden und Turniere, in denen die Mannen des kornischen Hofes ihre Kräfte maßen, und die Bewunderung, die er für die irische Prinzessin hegte, hinderte ihn nicht, anderen Damen den Hof zu machen. Ganz im Gegenteil: Wenige Wochen nach seiner Rückkehr warb er erfolgreich um die Liebe der Gemahlin eines kornischen Ritters namens Segwarides.

Das Verhältnis gefiel niemandem außer den beiden Hauptakteuren. Segwarides, verständlicherweise unglücklich, beging den Fehler, Tristan zum Kampf herauszufordern, um den Namen seiner Gemahlin reinzuwaschen, und er erhielt zum Lohn für seine Mühe lediglich eine Bauchwunde, die ihn monatelang an sein Lager fesselte. Auch König Marke billigte die Liebschaft nicht: Der Alte hatte selbst ein Auge auf Segwarides' Gemahlin geworfen und hätte bei der leichtfertigen Dame wohl Erfolg gehabt, wäre ihm Tristan nicht zuvorgekommen.

Doch Marke, dem seine Verschlagenheit den Beinamen „König Fuchs" eingetragen hatte, zog es vor, seinen Neffen nicht direkt herauszufordern. Vielmehr tarnte er sich mit einer einfachen Rüstung und brach eines Abends mit zwei Gefolgsleuten auf, um Tristan aufzulauern, als dieser sich zu einem Stelldichein begab. Tristan schlug alle drei bewußtlos und ritt weiter seines Weges. Er nahm sich nicht einmal die Zeit, ihnen die Helme abzunehmen, um festzustellen, wer ihn überfallen hatte.

Marke vergaß die Demütigung nicht, und Haß nistete sich in seinem freudlosen Herzen ein. Nach außen blieb er höflich. An einer zweiten Niederlage war ihm nicht gelegen, und außerdem war Tristans Ruhm inzwischen bis an die Tafelrunde in Camelot gedrungen, wo König Artus residierte. Unter den britischen Rittern erzählte man sich bereits, daß Tristan an Tapferkeit nur noch von Lancelot übertroffen wurde. Einen solchen Mann zu töten brachte nichts als Schmach über Cornwall.

Nach längerem finsteren Nachdenken entwickelte Marke einen Plan, wie er sich seines Rivalen entledigen konnte. „Erweise mir einen Dienst", sagte er eines Tages zu Tristan, der ohne Zögern versprach, alles in seiner Macht Stehende zu tun. Marke war nicht nur sein Onkel, sondern auch der Mann, der ihn zum Ritter geschlagen hatte, und ihm schuldete er bei seiner Ehre bedingungslose Treue. Zudem reizte ihn die Hoffnung auf ein Abenteuer, das Abwechslung in den Müßiggang brachte, zu dem Friedenszeiten die Ritter gewöhnlich verurteilten.

„Wirb für mich um Isolde von Irland."

Das war in der Tat eine schwierige Aufgabe. König Agwisance würde sich weigern, Marke Isolde zur Frau zu geben: Sie war seine Rose, eine dem Mädchenalter gerade entwachsene Jungfrau. Marke dagegen war alt, verschlagen und kein Freund Irlands. Alles sprach dafür, so sagte sich Marke, daß der irische König den jungen Ritter töten ließ.

Aus Gründen, die im Rahmen dieser Geschichte unerheblich sind, befand sich Agwisance zu eben jener Zeit am Hofe von König Artus, wo ihm ehrenwidriges Verhalten vorgeworfen wurde. So ritt Tristan nach Camelot; er suchte Agwisance auf und erbot sich, seine Ehre im Zweikampf zu verteidigen, sofern Agwisance schwor, daß die Anklage zu Unrecht bestand, und versprach, Tristan zum Dank einen angemessenen Wunsch zu erfüllen. Agwisance stimmte zu.

Tristan trat für den irischen König an und gewann den Kampf sowie des Königs Dankbarkeit. Zusammen segelten die beiden nach Irland, wo Tristan ein großartiger Empfang bereitet wurde. In Agwisances Halle loderten Feuer, und der König sah wohlwollend Isol-

lion jedoch heimlich an dem Werk seiner Träume. Er hatte einen herrlichen Elfenbeinzahn erworben, und er formte aus ihm eine Gestalt. Eine Frau – das Bild der Liebe selbst, wie die Erzähler berichteten – entstand aus dem schimmernden Knochen, mit Haaren, die sich in feinsten Locken ringelten, einem Gesicht, das dem einer jungfräulichen Göttin glich, und anmutig gerundeten Körperformen von überirdischer Vollkommenheit. Pygmalion hatte ein Wunder geschaffen.

Der Bildhauer wußte es. Er entbrannte in Leidenschaft zu dem Werk seiner Hände. Er brachte der Figur Blumen und schmückte sie mit Edelsteinen. Er gestand ihr heimlich seine Liebe und wartete auf Antworten, die ausblieben. Die Statue erwiderte seinen Blick aus kalten Elfenbeinaugen. Er betete zu seinen Göttern, hieß es weiter, und die Macht seiner Liebe war so stark, daß sie das Elfenbein schließlich zum Leben erweckte. Unter seinen Liebkosungen erwärmte sich der kalte Knochen, und er wurde weich wie Wachs in seiner Hand. Unter seinen Fingern fühlte er den Herzschlag erwachen. Seine Zärtlichkeiten brachten einen rosigen Hauch in die bleiche Haut. Die Lippen öffneten sich zitternd zu einem Lächeln, und Pygmalions Statue verließ ihr Podest und eilte in seine Arme. Ein glücklicheres Ende, als diese Geschichte nahm, war nicht vorstellbar: Pygmalion und seine Geliebte lebten zusammen bis an das Ende seiner Tage, und sie gebar ihm Kinder. Der Bildhauer hatte einen Weg gefunden, die Lebenskraft, die das Universum durchströmte, zu kanalisieren. Er hatte ein kaltes Bild beseelt.

Pygmalions Geschichte war durchaus kein Einzelfall. Lange vor seiner Zeit erzählte man sich in Ägypten schon von Zauberern, die Statuetten von Arbeitern anfertigten – Zimmerleuten und Steinmetzen, Malern und Schönschreibern – und ihnen Atem und Leben einhauchten. Diese Schöpfungen, so hieß es, verstärkten die gewaltigen Arbeiterheere, die für die Pharaonen Pyramiden bauten. Viel später dann beschrieben Schweden Puppen, die durch einen Tropfen Menschenblut Leben annahmen. Und die Japaner wußten zu berichten, daß Puppen, durch liebevolle Zuwendung von Kindern beseelt, lange Zeit die Häuser ihrer menschlichen Besitzer schützten.

Die archaische Lebenskraft des Wundersamen manifestierte sich auf mannigfaltige Weise, indem sie alltägliche Gegenstände durchströmte und diese Gegenstände zu Dienern der Menschen machte. Für die Hungrigen gab es zu essen. Die Engländer zum Beispiel erzählten von einem einfachen Holztisch, der auf ein Wort Brote, Käselaibe, so groß wie Wagenräder, und Bier hervorzauberte. Ein nicht weniger üppiges Mahl tischte in Frankreich eine Serviette auf, die auf das entsprechende Wort hin ihr Wunderwerk vollbrachte. In Deutschland gab es ein Tischleindeckdich. Die Italiener und Iren wiederum wußten von einem vermeintlich leeren Leinensack zu berichten, der sich auf magische Weise mit Speisen füllte.

Für die Mutigen gab es Gegenstände, die ihnen bei ihren Abenteuern halfen und sie schützten: Wunderstiefel, die den Träger bei jedem Schritt sieben Meilen zurücklegen ließen; Mäntel und Ringe, die unsichtbar machten; Kleidungsstücke wie die Kappe des irischen Recken Finn Mac Cumal, die ihm die Fähigkeit verlieh, sich jederzeit in einen Hund oder Rehbock und wieder zurück in einen Menschen zu verwandeln.

Andere Wunderdinge machten Männer im Kampf, wie es hieß, unverwundbar. Im Mittelalter mußten Ritter vor dem Zweikampf schwören, daß sie keine derartigen Zaubergegenstände bei sich trugen. Die Wirkung dieser wundersamen Hilfsmittel war zum Teil erstaunlich. Aus Schottland, zum Beispiel, wird von einem Zauberbanner berichtet, das sich im Besitz der Sippe der MacLeods befand. Sobald es geschwenkt

... und sie durfte leben. Einige Erzähler berichteten, daß Aphrodite Pygmalions Flehen erhörte und die Statue mit liebevoller Hand beseelte.

Auf den Flügeln der Wünsche

Gegenstände, mit denen es eine magische Bewandtnis hatte, gab es früher überall auf der Erde, und sie wurden sogar zum Kauf angeboten: Viele gelangten in die Schatzkammern der Reichen und verstaubten. Eine indische Geschichte zum Beispiel berichtet von den Abenteuern dreier Prinzen, die in den Bergen des Nordens lebten. Die Prinzen waren Brüder und Rivalen, denn sie begehrten dasselbe Mädchen zur Frau. Ihr Vormund, der Sultan, wollte gerecht entscheiden, und so stellte er ihnen eine Aufgabe. Jeder der Brüder sollte in die Welt ziehen und nach einem Jahr mit einer Gabe zurückkehren. Derjenige, der das wertvollste Geschenk brachte, sollte die Prinzessin zur Frau erhalten.

Einer der Brüder, Husayn, zog nach Süden in die Tiefebene, die an das Arabische Meer grenzte. Er kam in die Stadt Vijayanagar und sah sich im Gedränge ihrer Basare um. Und er fand einen wahren Schatz, einen wundervollen Teppich von scharlachroter Farbe, durch den sich blaue und goldene Fäden zogen. Dieser Teppich besaß eine geheimnisvolle Kraft, denn sein Besitzer brauchte nur ein Wort zu sagen, und er trug ihn, wohin er wollte. Husayn erwarb ihn für vierzigtausend Goldstücke.

Da er so der rechtmäßige Besitzer geworden war, setzte sich Husayn auf den Teppich und gab ihm einen Befehl, und der Teppich gehorchte. Er hob sich empor, flog über die Köpfe der Kaufleute hinweg, schwebte über die Dächer der Stadt, die in der Hitze flimmerten, segelte über die grüne, dunstige Ebene und stieg in die reine, klare Luft zwischen den Wolken. Flatternd tanzte er auf den Lüften und trug Husayn nach Norden zurück zu seinen Bergen, wo er seine Brüder und den Sultan wiedersah.

Auch Husayns Brüder hatten von ihren Reisen wunderbare Schätze mitgebracht. Einer hatte ein Elfenbeinrohr entdeckt; wer hindurchsah, erblickte, was er sehen wollte, ob nah oder fern. Das Geschenk des Dritten war ein unscheinbarer Apfel, dessen Fruchtfleisch Todkranke heilte.

Jeder der drei Gegenstände war wertvoll und von solcher Einzigartigkeit, daß er sich nicht mit den anderen vergleichen ließ. Am Ende kamen die Brüder auf die naheliegende Idee, durch einen Bogenwettkampf zu entscheiden, wer die Hand der Prinzessin gewann. Husayn verlor; er zog aus und lebte fortan als Einsiedler. Der Teppich, das Elfenbeinrohr und der Apfel aber verschwanden in der Schatzkammer des Sultans und wurden nie wieder gesehen.

wurde, erschien ein vollständiges Heer und vertrieb MacLeods Feinde. Allerdings durften die MacLeods nur in äußersten Notfällen und im Abstand von einem Jahr und einem Tag von dem Banner Gebrauch machen. Andernfalls, so war es bestimmt, wurden Land und Vieh in ihrem Reich unfruchtbar. Eine Wasserfee hatte das Banner einem frühen Kreuzfahrer der Sippe geschenkt, und die MacLeods verwahrten es jahrhundertelang auf der Burg am Ende des Loch Dunvegan auf der Insel Skye, auf der sie herrschten.

Für die wenigen Glücklichen, die Augen und Sinne nicht verschlossen, gab es schließlich das, was die Menschen am meisten lockte: Gold. In Britannien kursierten Geschichten über Maulesel, die goldene Klumpen ausschieden, in Österreich sagte man das von einer Geiß, und in Irland berichtete man von einer Henne, die goldene Eier legte.

Wundertätige Dinge und Lebewesen waren einstmals nicht ungewöhnlich, aber der Umgang mit ihnen erforderte äußerste Vorsicht. All diese Relikte archaischer Magie unterstanden bannenden oder schützenden Kräften, zu denen Männer und Frauen keinen Zugang mehr hatten. Mal wurden sie von einem finsteren alten Wächter von furchterregendem Aussehen gehütet. Mal schützte sie ein Zauberbann, der sich nur löste, wenn der Mensch komplizierte Regeln befolgte. Eine falsche Handlung, ein unbedachtes Wort, die geringste Mißachtung der Regeln konnte verheerende Folgen für jeden haben, der mit Zauberdingen umging. Hunderte von Erzählungen schildern die Gefahren, darunter eine aus Deutschland, die hier wiedergegeben werden soll.

Die der Nordküste Pommerns vorgelagerte Ostseeinsel Rügen war dafür bekannt, daß auf ihr Wesen einer fernen Vergangenheit hausten. Die germanische Göttin Nerthus hatte hier ihren Sitz gehabt, und obwohl ihr Kult längst untergegangen war, wandelte ihr Schatten weiter durch die Wälder um den Berg, auf dem sie herrschte, und lockte nichtsahnende Wanderer in die Tiefen eines Sees. Einmal im Jahr, so sagten die Leute, forderte sie eine menschliche Seele. Aber Nerthus war nicht das einzige archaische Wesen auf Rügen. Bei dem kleinen Marktflecken Garz ging ein anderes um, ein Häuptling, der einst das Gebiet beherrscht hatte. An einem See unweit des Ortes lag noch die Ruine seiner Burg mit ihren Erdwällen; sie war offenbar von Christen zerstört worden, die es sich zum Ziel gesetzt hatten, den alten Glauben auszurotten. Doch dieser Häuptling war kein gewöhnlicher Mensch, sondern ein Wesen, das in mehreren Gestalten weiterlebte. Die Leute sahen ihn des Nachts manchmal als Krieger mit goldenem Helm auf einem grauen Roß; dann wieder strich er als wilder schwarzer Hund herum; auch als alter Mann mit schwarzer Fellmütze wurde er gesehen.

Er bediente sich all dieser Gestalten, um die Ruinen seiner Burg zu bewachen, unter denen sein Schatz – seine Waffen, Edelsteine und vor allem sein Gold – begraben lag. Im Dorf hieß es, daß er seine Reichtümer der ersten jungen Frau geben würde, die den Mut hatte, ihm entgegenzutreten. Allerdings mußte sie bestimmte Regeln befolgen, und sie mußte unberührt sein.

Eines Tages fand sich ein Mädchen, das den Versuch unternahm, obwohl ihm an dem Gold wenig gelegen war. Es handelte sich um die Tochter eines Grundbesitzers, dessen Ländereien nicht weit von Garz entfernt lagen. Boshafte Diener hatten sie der Unzucht bezichtigt, und sie wagte den Gang in die Festung des Häuptlings, um solcherart ihre Unschuld zu beweisen.

Mit peinlicher Genauigkeit befolgte sie die vorgeschriebenen Regeln. Zu gegebener Zeit, um Mitternacht am Mittsommertage, begab sie sich allein zum See. Dort, bei den Resten des Erdwalls, blieb sie stehen und entledigte sich ihres Schleiers und Golddiadems, ihres Mantels und Unter-

Ein dienstbarer Geist

Unter den Menschen lebten einst ungesehen viele Wesen aus grauer Vorzeit. Arabien etwa war die Heimat von Geistern, die man Dschinns nannte. Sie hausten im Verborgenen, doch sie gehorchten dem Ruf ihres Meisters und statteten ihn reich mit Schätzen aus, wie ein Junge namens Aladin herausfand.

Aladin war der Sohn eines armen Schneiders und lebte in einem Basar. Seit dem Tod seines Vaters sorgte er für sich und seine Mutter, indem er Lumpen sammelte, bettelte und Botengänge übernahm wie alle Straßenjungen seiner Zeit. Eines Tages beauftragte ein Zauberer Aladin, ihm einen Schatz – eine zerbeulte, rußgeschwärzte Öllampe ohne Docht – zu bringen, die in einer kleinen Höhle in der Wüste versteckt war. Aladin tat, wie geheißen, aber er behielt die Lampe, um sie zu verkaufen.

Seufzend machte sich Aladins Mutter daran, das alte Ding vor dem Verkauf gründlich zu putzen, damit es mehr Geld einbrachte. Im gleichen Augenblick loderte von der Lampe eine Flamme empor, und der Flamme entstieg ein Dschinn, blau wie das Licht, aus dem er bestand. Er grüßte den Jungen und nannte ihn seinen Herrn. Aladin bat um eine Mahlzeit. Mit einem Wink seiner gewaltigen Hand zauberte der Dschinn eine Tafel herbei mit Schüsseln aus Silber und Gold. Aladin aß sich satt. Dann verkaufte er die Becher und Teller für gutes Geld. Doch er lernte bald, daß er auf leichterem Wege reich werden konnte. Aladin brauchte nur die Lampe zu reiben und dem Dschinn zu sagen, was er wollte, und er bekam es. Der Geist stattete den Jungen fürstlich aus, mit Kleidern und Sklaven und Edelsteinen. Und als er sich in die Tochter eines Sultans verliebte, beschützte der Dschinn ihn vor den undurchsichtigen Intrigen des Hofes, so daß er das Mädchen gewann und damit wirklich zum Fürsten wurde. Später führte er für den Sultan Kriege, und der Dschinn besorgte die notwendigen Pferde und Soldaten. Zu guter Letzt verhalf die zaubertätige Lampe – und Aladins kluger Umgang mit ihr – dem Jungen aus dem Basar dazu, daß er erst zum Erben des Sultans, dann zum Sultan selbst erwählt wurde. Und er war, wie es hieß, ein weiser und gerechter Herrscher.

kleides. Sie ließ ihre Kleider im feuchten Gras liegen und betrat das Territorium des Häuptlings. Ihr bleicher Körper schimmerte wie das Licht des Mondes, als sie die kalten Steine der Burgmauer erklomm und rückwärts durch die Ruinen schritt, ohne ein einziges Mal über die Schulter zu blicken.

Eine Stunde verging. Plötzlich, als sie rückwärts einen Innenhof überquerte, tat sich vor ihren Füßen die Erde auf. Kerzenlicht erstrahlte in dem Spalt und beleuchtete eine gewundene Treppe. Sie betrat die Stufen und folgte ihnen unter die Erde, bis sie zu einem Felsgewölbe kam.

Hier brannten Fackeln und warfen bizarre Schatten an die nassen Wände. Auf dem Boden häufte sich Gold – Kelche und Trinkhörner, uralte Münzen, deren Prägung nicht mehr zu erkennen war. Inmitten des Schatzes stand ein alter Mann, grau wie die Steine seines Gewölbes. Er blickte das Mädchen an, und ein Lächeln überflog sein Gesicht.

„Nun, Sterbliche", sagte er, „du hast den Schatz gewonnen. Nimm eine Münze und kehre zurück, wenn du kannst. Meine Diener werden dir mit dem Rest folgen."

Er machte sich nicht die Mühe, sie an die Regeln zu erinnern, aber sie kannte sie ohnehin. Kein Wort durfte über ihre Lippen kommen, solange sie hier unten weilte, und sie durfte sich auch nicht umsehen, wenn sie ging, denn die Vorgänge jener Welt mußten menschlichen Augen verborgen bleiben.

Wortlos nahm sie eine Münze. Dann drehte sie sich um und begann, die Treppe emporzusteigen. Obwohl sie keine Diener gesehen hatte, hörte sie hinter sich Geräusche: metallisches Klicken und ein Rascheln und Trippeln, als wenn kleine bekrallte Pfoten über den Boden huschten.

Ihre Hand schloß sich fester um die Münze, und sie zitterte vor Kälte, als sie die Stufen erklomm. Sie hielt den Blick krampfhaft nach vorn gerichtet. In der Ferne über ihr, durch die geöffnete Tür am Ende der Treppe, glitzerten Sterne am nächtlichen Sommerhimmel.

Das Scharren, das Trippeln – die Schritte der schwer beladenen Diener – kam näher. Plötzlich fühlte sie eine Berührung an ihrem Fußgelenk. Sie fuhr zusammen und drehte sich um und blickte zurück in die Tiefe.

Niemand hat je erfahren, was sie dort sah. Mit einem Krachen, das über den See am Fuße der Burg widerhallte, fiel die Steintür zu und versperrte dem Mädchen den Weg in die Freiheit: Es war für immer in der Behausung des alten Häuptlings gefangen.

Am nächsten Morgen entdeckten die Bewohner von Garz ihre Kleider. So sehr ihr Vater auch nach ihr suchte, er konnte das Tor, das zu dem unterirdischen Gewölbe führte, nicht finden. Doch er hörte des Nachts die fernen, verzweifelten Klagen seiner Tochter, die den verzauberten Ort aufgesucht und seine Gesetze mißachtet hatte, und nach ihm hörten sie Generationen seiner Kinder und Kindeskinder.

So wie in dieser Geschichte war es immer. Die Zauberkräfte, die heimlich in der Welt der Menschen wirkten, boten nichts, ohne gleichzeitig zu fordern. Sie waren widersprüchlich, die Wesen, die Dinge und die Regeln aus den Urzeiten der Erde, widersprüchlich wie der Feentrank, der Liebe und Tod zugleich enthielt. Sie versprachen unendliche Freuden und unendliches Leid; wie sie sich auswirkten, hing von den Männern und Frauen ab, die sich ihrer bedienten.

Doch die Vertrautheit mit diesen archaischen Dingen war verlorengegangen – wie Melodien alter Lieder, von denen man nur noch Bruchstücke kannte. Viele Menschen versagten, wie das Mädchen auf Rügen versagte: Sie änderten die Tonlage, sie kamen aus dem Takt, und Disharmonie war die Folge. Und so betrachteten die Menschen Wunder mit Argwohn, so sehr sie sie herbeisehnten.

Diese Ambivalenz zieht sich wie ein roter Faden durch die Erzählungen aus Wales. Abgeschieden und von Eindringlingen jahrhundertelang verschont, schien Wales seinen magischen Kräften ein längeres Überleben zu sichern als die meisten anderen Länder. Wundersames strömte durch die Täler und schwebte durch die Wälder. In diesem rauhen Land waren die Grenzen zwischen der Welt der Sterblichen und der der Elfen durchlässig, ja leicht überwindbar. Hier mochte es vorkommen, daß sich ein Mann, der zur Jagd ausritt, plötzlich in einem Gebiet wiederfand, in dem die Tiere sprechen konnten. Oder er legte mit dem Schiff von der walisischen Küste ab und landete unversehens auf einer Insel, die von gläsernen Palästen überragt und von Wesen bewohnt war, die nichts als Stimmen waren.

Im Südwesten von Wales nun lebte einst ein Prinz, der mit dem Wunderbaren wohl vertraut war. Sein Name war Pwyll, und er herrschte über Dyfed, ein Reich aus sieben Cantrefs – sieben Bezirken mit je hundert Höfen oder Siedlungen – und ausgedehnten Ländereien dazwischen. In seiner Jugend kämpfte er an der Seite der Bewohner der walisischen Anderswelt; wegen seiner Tapferkeit, die er in diesen Kämpfen unter Beweis stellte, nannte man ihn nicht nur den Herrn von Dyfed, sondern auch den Herrn von Annwfn – der „Nichtwelt".

Pwylls Hauptsitz lag bei Narberth im Süden seines Landes. Hier herrschte er in einer hohen, strohgedeckten Halle, die schützende Gräben und Palisaden umgaben. Ein dichter Wald umringte die Festung, und zwischen den Bäumen fanden sich Zeichen, die die Nähe zur Nichtwelt andeuteten – hohe grasbewachsene Erhebungen, in denen die einen Grabhügel alter Häuptlinge vermuteten, die anderen die Tore zu den Reichen, die unter der Erde lagen. Die Waliser glaubten, daß ein Mensch, der einen solchen Hügel betrat, entweder schlimme Wunden davontragen oder ein Wunder sehen würde. Diese Zwiespältigkeit gehörte zum Wesen des Wunderbaren, und die meisten mieden die Hügel. Pwyll dagegen kündigte am Tage nach einem Fest an, er werde einen der Hügel besteigen und abwarten, was das Geschick für ihn bereithielt.

Er erlebte ein Wunder. Zwischen den Birken, die den Hügel umgaben, wurde ein goldener Schimmer sichtbar, der unter dem sonnendurchfluteten Blätterdach abwechselnd aufblitzte und wieder verschwand. Zuletzt nahm er Gestalt an, die Gestalt einer Frau. Sie ritt einen Schimmel, und ihr Kleid und Mantel waren von feinstem Golde, so daß es schien, als trage sie die Sonne selbst am Leibe. Ihr Gesicht, das ein Kranz heller Haare umgab, war ernst und gelassen; dem Prinzen und seinen Begleitern, die abseits standen und sie beobachteten, schenkte sie keinen Blick. Sie ritt in gleichmäßigem Trab vorbei und verschwand.

Pwyll schickte einen Pagen hinter ihr her, doch der Junge kehrte bald zurück. Die Frau, so berichtete er, hatte ihr Pferd zwar weder zurückgehalten noch angetrieben, aber er hatte sie nicht einholen können, so sehr er seinem Pferd auch die Sporen gab. Pwyll hörte aufmerksam zu. Dann sprang er von dem Hügel herab und ritt an der Spitze seiner Begleiter nach Hause zurück.

Am Nachmittag wartete Pwyll allein am gleichen Ort, und wieder erschien die Frau zwischen den Bäumen. Diesmal stieg Pwyll selbst auf sein Pferd und jagte hinter ihr her. Doch es erging ihm wie dem Pagen am Tag zuvor: Er konnte sie nicht einholen. Sein Pferd lief ebenso schnell wie das ihre und legte dann mächtig zu, aber der Abstand zwischen ihnen blieb gleich. Schließlich hielt Pwyll sein Pferd an, dessen Flanken naß von Schweiß waren.

„Edle Dame", rief er. „Im Namen des Mannes, den Ihr liebt, haltet an, ich bitte Euch, und sprecht mit mir."

„Ich halte, und ich tue es gerne", erwiderte sie. Und mit einem Blick auf sein erschöpftes Pferd fügte sie lächelnd hinzu: „Es wäre bes-

Rhiannon, die Prinzessin eines Elfenvolkes, das im rauhen Wales zu Hause war, begehrte einen Sterblichen zum Mann, den Prinzen Pwyll. Als sie sich ihm zeigte, ritt sie einen Schimmel, und ihre Gestalt leuchtete im Licht ihrer eigenen Welt. Pwyll folgte ihr, und er wurde ihr Gemahl.

ser gewesen für das Pferd, wenn Ihr früher gerufen hättet. Es bedurfte nur eines Wortes, um mich aufzuhalten."

„Warum reitet Ihr allein durch diesen Wald?" fragte Pwyll.

„Um Euch zu treffen, Herr."

„Wer seid Ihr, und warum sucht Ihr mich?" wollte Pwyll wissen.

„Ich bin Rhiannon, und ich suche Euch aus Liebe."

Welch ein Abenteuer! Die Frau vor ihm war eine Elfe, und eine mächtige dazu. Ihr Name bedeutete „große Königin". Daß sie ihr Volk verließ, um zu ihm zu kommen, war eine Huld ohnegleichen, und Pwyll wußte sie zu schätzen, denn der Anblick der Frau hatte sein Herz berührt.

„Ich heiße Euch willkommen", sagte er höflich. Er streckte die Hand aus, um ihr den Zügel abzunehmen, aber Rhiannon lächelte und schüttelte den Kopf.

„Kommt in einem Jahr zu mir zurück, und ich werde Euch empfangen", sagte sie. Dann trieb sie mit leichtem Schenkeldruck ihr Pferd an; es eilte auf die Bäume zu, und einen Augenblick später waren Roß und Reiterin hinter den Stämmen verschwunden.

Pwyll beugte sich dem Gebot, obwohl er es nicht verstand, und verließ den Ort. Er wartete das erbetene Jahr ab, und als der Tag kam, stellte er aus seinen Männern ein Gefolge zusammen, das seinem Rang als Prinzen an seinem Hochzeitstag entsprach. So ritt er hinaus zu dem Hügel, an dem er Rhiannon zuletzt gesehen hatte.

In ihrem goldenen Kleid saß sie auf ihrem Schimmel und erwartete ihn bereits. Als sie ihn sah, wendete sie das Pferd und gab ein Zeichen, und Pwyll und seine Männer schlossen sich ihr an.

Sie folgten der Elfe in das Dickicht des tiefen Waldes. Wohin sie ihr Pferd lenkte, öffnete sich vor ihr ein Pfad; die Bäume seufzten und verneigten sich und wichen vor ihr und ihrer sterblichen Gefolgschaft zurück, um sich hinter dem letzten Mann wie ein Vorhang wieder zu schließen. Pwylls Begleiter bemerkten dies wohl und sprachen beunruhigt miteinander, aber Pwyll beachtete sie nicht. Er hatte nur Augen für Rhiannon.

Nach einer Weile öffnete sich der Wald, und sie kamen zu einer großen Lichtung. In ihrer Mitte stand ein Palast, der in der Welt der Sterblichen nicht seinesgleichen hatte: Keine Befestigung umgab ihn, denn das Volk der Elfen bedurfte keiner Mauern und Wachtürme. Nicht Holz und Stroh, wie bei Pwylls eigenen Burgen, bildeten die Baumaterialien, sondern silbern glänzende Steine, und Türme ragten empor wie gigantische Schilfgräser inmitten eines gläsernen Sees. Als die Hochzeitsgesellschaft die Lichtung betrat, flatterte ein Schwarm winziger, scharlachroter Vögel auf und kreiste über Rhiannons Haupt. Die Männer hörten ihren lieblichen Gesang und vergaßen ihre Angst.

Dann begann das Fest. Die Halle von Rhiannons Vater war so hoch, daß die Deckengewölbe im flackernden Schein der Herdfeuer auftauchten und wieder verschwanden. Auch die Angehörigen von Rhiannons Volk schienen seltsam wesenlos, so fröhlich und gastfreundlich sie sich den Sterblichen gegenüber auch zeigten. Wenn sie mit ihnen sprachen, wirkten sie wie gewöhnliche Männer und Frauen, wenn auch schlank, goldglänzend und licht wie die Prinzessin selbst. Doch wenn sie aufhörten, mit Pwyll oder seinen Leuten zu sprechen, schienen sie sich aufzulösen. Die schweigenden Angehörigen des Volkes glichen Spiegelbildern auf dem Wasser, schemenhaften Gestalten in der Menge. Die Luft schien erfüllt von fernen Echos, als wenn ungehörte Gespräche in ihr verhallten.

Es hieß, daß es während des Festes zu einem Streit kam, weil einer aus ihrem eigenen Volke Rhiannon zur Frau zu gewinnen versuchte, um sie im Kreise der Ihren zurückzuhalten, und daß es ihr gelang, dies zu verhindern. Dann verließ sie mit Pwyll das Land, in dem sie geboren und aufgewachsen war, und zog als seine Prinzessin mit ihm nach Wales.

Als sie durch den Wald ritten, wichen vor ihnen die Bäume zurück und schlossen sich hinter ihnen, bis sie die Stelle auf dem grünen Hügel erreichten. Dort hielten sie an, und Rhiannon warf einen letzten Blick zurück auf die dichte Wand des Waldes.

„Jene Wand wird sich nie mehr vor mir auftun", sagte sie leise zu Pwyll. Doch der Verlust schien sie nicht zu bekümmern.

An Pwylls Hof wurde Rhiannon freundlich empfangen. Jeder wußte, daß sie eine Elfe war, aber sie hatte ihre Welt und damit ihr Wesen hinter sich gelassen. Heiter und still versah sie ihre Pflichten als Herrin der schmucklosen Burg, und sie schien die Pracht ihres früheren Reiches nicht zu vermissen. Wie jede Frau in der Welt der gewöhnlichen Sterblichen schien sie aus Fleisch und Blut, nur unvergleichlich schöner. Sie beherrschte die Kunst des Webens aufs trefflichste, und die Stoffe, die an ihrem hohen Webstuhl entstanden, wirkten feiner als die anderer Frauen. Obgleich sie nie eine Harfe berührte, sang sie, wenn die Harfner spielten, und in ihrem Gesang schwang etwas mit, was ihren Zuhörern fremd erschien, wie ein Echo aus der anderen Welt.

So wurde Rhiannon von dem Volk des Mannes, den sie auf so seltsame Weise erkoren hatte, aufgenommen. Doch es blieb eine gewisse Zurückhaltung zwischen diesem Volk und seiner Herrin. Als zwei Jahre vergangen waren und Rhiannon ihrem Gemahl noch immer keinen Erben geschenkt hatte, machten sich die Männer, die Pwyll mit Rat und Tat zur Seite standen, Gedanken wegen ihrer Herkunft – wieder einmal. Sie forderten ihn auf, sie fortzuschicken und eine andere zur Frau zu nehmen. Pwyll würde schließlich nicht ewig leben, sagten sie, und ein Sohn von seinem Blute war nötig, sie zu führen.

Der Prinz hatte Verständnis für ihre Argumente. Er bat sich ein weiteres Jahr aus. Und bevor das Jahr abgelaufen war, gebar Rhiannon einen Sohn. Es war ein hübscher Knabe, blond und von so heller Haut wie seine Mutter, aber so kräftig gebaut wie sein Vater. In der Bankethalle durften Pwylls Leute ihn einige Stunden nach der Geburt sehen, und sie jubelten ihm zu.

Es war ein Jubel der Erleichterung: Bei der Elfe hatte man schließlich nie sicher sein können, ob sie einem ganz normalen Kind das Leben schenken würde.

Doch das Kind brachte Rhiannon großes Leid. Der Brauch verlangte, daß sie eine gewisse Zeit nach der Geburt die Frauengemächer des Palastes nicht verließ, und sie hielt sich daran. Sechs Dienerinnen blieben bei ihr, um die Mutter zu versorgen und das Kind zu bewachen. Diese Frauen hatten den Auftrag, einander des Nachts, wenn Rhiannon schlief und sich von der Geburt erholte, mit der Wache abzulösen; doch es waren schlechte Dienerinnen, denn sie versäumten ihre Pflicht. Eines Abends geschah es, daß einer nach der anderen die Augen zufielen.

Als sie vor Morgengrauen erwachten, war die Wiege leer. Das Flügelfenster, unter dem sie stand, schlug im nächtlichen Wind. Sonst regte sich nichts. Neben der Wiege lag Rhiannon auf ihrem mit Seide bezogenen Lager in einem tiefen Schlaf, als stünde sie unter einem Zauberbann.

Die Dienerinnen waren kleinmütige Kreaturen und dachten nur an sich selbst. All ihre Ängste vor der Fremden kehrten zurück und damit die Furcht, was mit ihnen selbst geschehen würde. Sie hatten es an Wachsamkeit mangeln lassen, und für das Verschwinden des Kindes erwartete sie wahrscheinlich der Tod.

Doch es war ein leichtes, die Schuld auf die schlafende Rhiannon abzuwälzen. Schweigend und lautlos töteten sie einen der zahlreichen Jagdhunde, die unbeaufsichtigt durch die Burg streunen durften. Sie zerleg-

Rhiannon schenkte Pwyll einen goldgelockten Sohn, der von einem Wesen aus der anderen Welt nachts aus seiner Wiege geraubt wurde und spurlos verschwand. Aber Pwylls Hofstaat beschuldigte Rhiannon, die wundersame Fremde, den Knaben ermordet zu haben.

Zur Strafe mußte Rhiannon, die Frau aus dem Elfenreich, mit einem Joch auf den Schultern am Tor der Burg ihres Gemahls wachen und jeden Ankömmling wie ein Lasttier auf ihrem Rücken tragen, nachdem sie ihm ihre Geschichte erzählt hatte.

ten das Tier, beschmierten Rhiannon mit seinem Blut und verteilten einige der blutigen Knochen auf ihrem Lager. Dann kauerten sie neben ihr nieder und warteten gemeinsam auf den Morgen.

Endlich erwachte die Prinzessin. Noch halb im Schlaf streckte sie die Hand nach ihrem Kind aus. Als sie die Wiege leer fand, fuhr sie auf. Sie blickte in die menschlichen Gesichter, die sie argwöhnisch und furchtsam anstarrten, und fragte mit fester Stimme: „Wo ist mein Sohn?"

„Fort", erwiderte eine der Frauen. „Ihr habt ihn getötet, Herrin. Seht nur das viele Blut an Eurem Körper."

„Ihr Frauen, das ist nicht wahr. Beschuldigt nicht mich, weil ihr fürchtet, bestraft zu werden. Ich werde euch beschützen." Aber die Frauen wollten nichts davon wissen. Sie machten Anstalten, Rhiannon vor den Prinzen und seine Ratgeber zu zerren, aber sie stieß sie zurück, raffte ihre Gewänder zusammen und schritt ihnen stolz erhobenen Hauptes voraus in Pwylls Halle.

Es kam, wie es kommen mußte. Die uralte menschliche Angst vor dem Elfenvolk brach erneut auf. Zwar beteuerte Rhiannon vor ihrem Gemahl und seinem Hofstaat ihre Unschuld, aber ihr Sohn blieb verschwunden. Und alle sahen das Blut, das in ihrem glänzenden Haar klebte.

Pwyll war verwirrt und zu schwach, um seine Ratgeber zu beschwichtigen, und er blieb untätig. Obzwar er sich weigerte, die Forderung seiner Leute zu erfüllen und sich von ihr zu trennen, übergab er sie ihnen, damit sie sie nach Gutdünken bestraften.

„Liebe Frau", beschwor er sie am Ende dieses verhängnisvollen Tages lediglich. „Kannst du den Zauber, wie auch immer er geartet sein mag, nicht lösen?"

„Ich ließ die Zauberkräfte zurück, Pwyll, als ich mich von meinem Volk trennte, um dir zu folgen. Es ist an dir, mich zu beschützen."

Aber Pwyll zuckte nur hilflos mit den Achseln und wandte sich ab.

Am nächsten Tag trat seine Frau ihre Strafe an – eine seltsame, aber in keltischen Ländern nicht ungewöhnliche Strafe. Von morgens bis abends mußte Rhiannon, ein schweres Joch auf den Schultern, auf einem Schandstein – einem Aufsteigblock am Haupttor der Burg – sitzen und jedem, der vorüberkam, von ihrem angeblichen Verbrechen berichten. Zugleich mußte sie sich erbötig machen, jeden auf ihrem Rücken in Pwylls Halle zu tragen.

Sieben Jahre sollte die Strafe währen. Rhiannon nahm sie an, ohne zu klagen. Als Fremde unter Menschen, ohne Beschützer hatte sie keine andere Wahl. Und so ertrug die Prinzessin aus dem Silbersteinpalast im Sommer Staub und Hitze, im Winter Schlamm und Kälte, während sie auf ihrem Schandstein saß. Mit tonloser Stimme nannte sie jedem, der vorüberkam, die Bedingungen ihrer Strafe und bot ihm an, ihn auf ihrem Rücken zu tragen.

Von ihrer zarten Schönheit und Würde berührt, lehnten die meisten Menschen das Ansinnen ab. Und Reisende trugen die Kunde von der unglückseligen Büßerin bis in die entferntesten Winkel von Wales.

Im vierten Jahr tauchten an einem Herbsttag drei berittene Fremde vor Pwylls Burgtor auf. Der eine war ein schöner Mann, wie ein Fürst in einen edlen Wollmantel gehüllt und an den Armen mit Goldreifen geschmückt; ihn begleiteten eine Frau, offenbar eine Dame, und ein goldblonder Knabe.

Rhiannon erhob sich von ihrem Schandstein. „Herr, weil ich meinen eigenen Sohn tötete, wird von mir verlangt, daß ich jeden von Euch auf meinem Rücken in den Hof des Prinzen trage. So lauten die Bedingungen meiner Strafe", sagte sie.

Der Mann schüttelte den Kopf und ließ sich aus dem Sattel gleiten. „Prinzessin", erwiderte er, „keiner von uns wird sich von Euch tragen lassen."

Vier Winter lang ertrug Rhiannon ihre Strafe. Aber menschliche Güte wog menschliche Grausamkeit auf: In fernen Landen wurde ihr Sohn gefunden. Als seine Zieheltern in dem Knaben den Sohn Pwylls erkannten, brachten sie ihn an dessen Hof zurück und befreiten die Elfe von ihrer Schande.

„Ich jedenfalls mit Gewißheit nicht", erklärte seine Gemahlin.

„Ich auch nicht", sagte der Knabe und stieg ebenfalls ab. Er hielt Rhiannon ein Stück Brokat entgegen. Sie nahm es und wendete es bedächtig in ihren Händen. Den Stoff hatte sie selbst gewebt. Der Knabe sah lächelnd zu ihr auf, und seine Augen waren die seines Vaters, waren die Augen Pwylls.

Da hob der Mann – es war Teirnyon, der Herr der Provinz Gwent im Osten – Rhiannon auf sein Pferd und führte sie in Pwylls Halle. Ihr Sohn schritt neben ihr.

Die Geschichte endete damit, daß Pwyll und sein ganzes Volk in dem Knaben den erkannten, der er war: der Sohn von Pwyll – und Rhiannon. Rhiannon wurde in Ehren wieder aufgenommen und kehrte an die Seite ihres Gemahls zurück. Wenn sie den Menschen, die sie so schlecht behandelt hatten, je grollte, so ließ sie es niemanden wissen.

Aber die Ereignisse, von denen Teirnyon zu berichten hatte, waren seltsam und unheimlich. Vier Jahre zuvor hatte er in der Nacht des Maifestes eine trächtige Stute in seine Burg in Gwent geführt, um sie zu bewachen. Die Zeit ihrer Niederkunft war gekommen; in den Jahren davor waren die Fohlen, die sie zur Welt gebracht hatte, stets noch in derselben Nacht verschwunden, und Teirnyon hatte nicht die Absicht, auch dieses zu verlieren. Die Stute schenkte tatsächlich einem prächtigen Fohlen das Leben, und als es zitternd aufsprang, griff ein gewaltiger Arm durch ein Fenster der Kammer und packte mit seiner Klaue das Fohlen an der Mähne. Teirnyon, ein unerschrockener Mann, zog sein Breitschwert und hieb den Arm mit einem Schlage durch.

Draußen vor der Kammer hob ein furchtbares Heulen an, gewaltig wie ein Sturmwind. Mit dem Schwert noch in der Hand, jagte Teirnyon hinaus und nahm die Verfolgung auf. In der Finsternis konnte er seinen Gegner nicht erkennen, aber plötzlich fiel ihm etwas vor die Füße – ein goldblonder Säugling, eingewickelt in ein Stück edelsten Brokats. Er hob ihn auf. Es war ein Knabe.

Teirnyon brachte den Knaben zu seiner kinderlosen Frau, damit sie ihn aufzog, und beide behandelten ihn wie ihren eigenen Sohn. Erst als der Knabe vier Jahre zählte und die Kunde von Rhiannons elendem Schicksal Teirnyon erreichte, erkannte er in dem Kind die unverwechselbaren Züge des Prinzen von Dyfed, und da er ein gütiger, ehrenwerter Mann war, brach er auf, um Pwyll das Kind zurückzugeben.

Die Bedeutung dieser Vorkommnisse blieb den Erzählern ein Rätsel. Keiner von ihnen vermochte zu sagen, was für ein Wesen Rhiannons Sohn geraubt und im fernen Gwent zurückgelassen hatte. Genausowenig konnten sie erklären, warum dieses Wesen ein Fohlen für das Kind zu stehlen versuchte, obwohl es gelegentlich hieß, dies sei ein Zeichen des edlen Blutes gewesen, das in des Jungen Adern floß: Die Menschen jener Zeit verehrten Pferde als Götter. Aber der Entführer scheint dem Elfenvolk angehört zu haben, unter dem es finstere, grausame Gestalten gab. Vielleicht mißtraute er dem fremden Geschlecht im gleichen Maße, wie Pwylls Volk Rhiannon mißtraute, und wollte die Sterblichen dafür strafen, daß sie die Prinzessin in ihre Welt geholt hatten, indem er das halb menschliche, halb übermenschliche Kind zu rauben versuchte.

So zumindest hatte es den Anschein. Es war, als ob die Welt des Wunderbaren und die Welt des Menschen – die eine so fließend und schwer faßbar, die andere so nüchtern und alltäglich – nicht ohne Mißverständnis und Tragik zusammenkommen konnten. Bei allen traurigen Verwicklungen aber bot die Geschichte etwas Versöhnliches: Teirnyons gute Tat. Sie setzte dem schlimmsten Leid ein Ende und ordnete das Leben jener Menschen wieder, die vom rechten Pfad abgekommen waren.

Magische Metamorphosen

Ein ständiger Wandel vollzog sich in der Natur, als die Welt noch jung und die Magie noch mächtig war. Von Rätseln umgeben, erklärten sich die Menschen vieles in ihrer Umwelt als Ergebnis einer geheimnisvollen Verwandlung.

So wußten die Griechen von ihrer Sonnenblume zu berichten, daß sie nicht immer mit dem Boden verwachsen war. Bevor es die Pflanze gab, lebte nämlich eine Meernymphe mit Namen Klythie, die eines Tages aus der kühlen grünen Tiefe des Meeres an den sandigen Strand einer Insel gespült wurde. Die Helligkeit bezauberte sie, und so blieb sie dort liegen und folgte mit sehnsüchtigen Blicken dem Weg des Sonnenballs über den Himmel. Da ging eine Veränderung mit der Meerjungfrau vor. Ihr Schwanz grub sich in den Sand und verankerte sie mit festen Wurzeln. Das silbrige Haar, das ihr Haupt umgab, rollte sich auf und bildete Blütenblätter, und aus ihren Fingern wuchsen grüne Blätter. Am neunten Tag hatte sie sich in die Blume der Sonne verwandelt, und ihre Blüte glich der goldenen Himmelsscheibe.

Eine Blume der Liebe

Die Menschen der Antike verehrten die rote Anemone, die, wie sie glaubten, dem Blut des Gottes des Wachstums entsprungen war. Und das geschah auf folgende Weise:

Aphrodite, die Göttin der Liebe, entbrannte in Leidenschaft für den Gott Adonis, dessen Name nichts anderes als „Herr" bedeutete. Er war von unübertroffener Schönheit, und er gebot über alle Dinge der Erde. Adonis erwiderte Aphrodites Liebe. Nach einigen glücklichen Monaten aber ergriff ihn eine unwiderstehliche Unruhe. Den Warnungen der Göttin zum Trotz ging er eines Tages auf die Jagd und wurde von einem wilden Eber schwer verwundet.

Die Göttin fand ihn sterbend; helle Blutstropfen drangen aus der Wunde hervor, die der Eber gerissen hatte, und fielen ins Gras. Sie klagte um den Geliebten, und aus Kummer und Liebe verwandelte sie die scharlachroten Tropfen in die zartesten Blumen, die den Namen Anemonen oder „Windblumen" erhielten, da der Wind ihre Blüten allzubald davontrug.

Aber die Geschichte ging noch weiter. Es hieß, daß Aphrodite den Göttervater Zeus bat, Adonis alljährlich für eine Weile zu ihr zurückkehren zu lassen. Ihr Flehen wurde erfüllt. Und so kam es, daß die Frauen Griechenlands jedes Jahr im Herbst den Tod des Gottes beklagten, um im Frühling Freudenfeste zu feiern, wenn die erblühende Anemone seine Rückkehr ins Leben verkündete.

Belohnte Gastfreundschaft

Einst standen auf einem Hügel in Kleinasien, bei den zerborstenen Säulen eines Tempels, eine Eiche und eine Linde, deren ineinander verschlungene Äste den Schäfern der Umgebung wohltuenden Schatten spendeten. Und wenn sie in der Mittagshitze unter ihnen Rast machten, erzählten die Männer, wie die beiden Bäume entstanden waren.

In alter Zeit, so berichteten die Schäfer, lag am Fuße des Hügels ein Dorf. Eines Tages kamen zwei Wanderer des Weges, die staubig und mit wunden Füßen um Aufnahme baten. Sie wurden überall unfreundlich abgewiesen: Die Menschen betrachteten Fremde mit Argwohn. Die Wanderer mühten sich den Hang hinauf, und direkt unterhalb der Kuppe, in einer strohgedeckten Hütte, waren sie endlich willkommen.

Die kleine Behausung gehörte einem Mann namens Philemon und seiner Frau Baucis, die beide schon alt und gebrechlich waren. Sie besaßen nicht viel, aber sie grüßten die Fremden mit scheuem Lächeln und boten mit Freuden an, was sie hatten – Oliven und Weichkäse und kühlen Wein in Bechern aus Birkenholz.

Wie sich herausstellte, war einer der Fremden Zeus, der Herrscher der Unsterblichen, der andere Hermes, der Gott der Reisenden und der Wege. Und sie beschlossen, die Dorfbewohner am Fuße des Hügels zu bestrafen. Sie schickten eine Flut, die alles verschlang. Das Haus von Philemon und Baucis aber verwandelten die Götter in einen Tempel, und sie setzten die beiden Alten als Priester ein. Dazu gewährten sie ihnen den Wunsch, einander niemals sterben sehen und allein weiterleben zu müssen. Als Philemon und Baucis das Ende ihrer Tage erreichten, wuchsen Blätter aus ihren knotigen Fingern, und so verwandelten sie sich in zwei Bäume, die vorüberziehenden Schäfern ebenso großzügig Schatten spendeten, wie die Alten einst die Götter gespeist hatten.

Wächter am Wegesrand

An Landstraßen in ganz Europa wächst eine sternblütige Pflanze, die sich an die Wegränder klammert, als suche sie menschliche Gesellschaft. Wegwarte nannte der Volksmund sie in Deutschland, und mit dem Namen verbindet sich eine Geschichte, die von ihrer Entstehung berichtet.

Ein junges Mädchen, so erzählte man, verließ einst des Nachts ihr Dorf und ging in einen Wald, um sich mit ihrem Geliebten zu treffen. Der aber blieb aus. Die ganze Nacht lauschte sie auf seine Schritte, doch vergeblich; die Schreie der Eulen und das Säuseln des Windes in den Bäumen waren die einzigen Geräusche, die sie hörte. Als die Mitternacht verstrichen war, begann sie verzweifelt zu weinen.

Als die Sonne aufging, lag sie tot am Wegesrand. Da wuchsen rund um ihren Körper grüne Triebe. Gegen Mittag erblühten blasse Blüten zwischen ihren dunklen Haarlocken. Am Abend breitete sich an der Stelle, an der der Körper des Mädchens gelegen hatte, ein Teppich aus winzigen Blüten aus. Seitdem belagern sie die Wegränder und halten vergeblich Ausschau nach einem Geliebten, der nie kommt.

Der Preis der Überheblichkeit

Wenn man den griechischen Legenden glauben darf, war Arachne die Mutter der Spinnen – eine lydische Jungfrau, die die Kunst des Spinnens und Webens vollkommener beherrschte als alle anderen Frauen auf der Erde. Aber Arachne war überheblich. Nicht einmal die Götter, so prahlte sie, könnten sich mit ihr messen, nicht einmal Athene, die Beschützerin der Spinnerinnen und Weberinnen. Athene aber war nicht nur die Patronin dieser friedlichen Künste, sondern auch die Göttin des Krieges, und sie antwortete Arachne auf ihre Weise. Sie forderte die Jungfrau zu einem Wettkampf heraus.

Für den Wettkampf fertigte Arachne ein Kunstwerk an, ein Kunstwerk allerdings, das nicht nur von Arroganz, sondern auch von Dreistigkeit zeugte. Sie webte ein Bild, auf dem ein unheimliches Geschöpf – halb Mensch, halb Stier – eine irdische Frau verfolgte. So, behauptete sie, liebten die Götter. Athene webte das Bild eines irdischen Mannes, der sich Flügel aus Federn umgeknüpft und eindeutig zu nah an die Sonne gewagt hatte, denn die Federn gingen in Flammen auf. Dies, so erklärte sie, versinnbildlichte die menschliche Überheblichkeit.

Danach vernichtete die Göttin zunächst das Werk ihrer irdischen Widersacherin, dann – mit zornigen Worten – die Frau selbst. Athene hatte ihre Verwünschung kaum gesprochen, da schrumpfte Arachnes Gestalt, und acht dünne haarige Beine wuchsen aus ihrem Körper, der eine schwarze Farbe angenommen hatte. Den Rest ihres kurzen Lebens verbrachte sie – wie seither alle ihre Nachkommen – damit, aus Körpersekreten einen Faden zu spinnen und daraus in unermüdlichem Hin und Her ein Netz zu weben.

Ein seidenes Leichentuch

Über die in ihrem Land hochgeschätzte Seide hatten die Chinesen folgende Geschichte zu erzählen:

Mitten im Herzen des Reiches lebte einst ein großer Krieger. Eines Tages erhielt er den Auftrag, die Grenzen des Landes zu verteidigen, und er verließ seine Frau und seine Tochter. Das Mädchen war untröstlich, und eines Abends erklärte es, für jedermann hörbar, daß es denjenigen zum Manne nehmen werde, der ihren Vater zurückbringe. Kaum hatte sie diese Worte gesprochen, da riß sich ein Hengst aus dem väterlichen Stall los und verschwand in der Nacht.

Einige Wochen später kehrte das Pferd zurück, und auf seinem Rücken trug es den langersehnten Vater. Niemand vermochte zu sagen, wie es den Krieger gefunden und veranlaßt hatte, heimzureiten. Doch der Hengst war wieder da, und er benahm sich höchst sonderbar, als der Vater abstieg. Wiehernd und schnaubend verfolgte er die Tochter des Kriegers, wohin sie auch ging, bis sie ihrem Vater schließlich gestand, welchen Schwur sie getan hatte.

Entsetzt tötete der Vater den Hengst; dann zog er ihm die Haut ab und spannte sie auf dem Hof seines Hauses zum Trocknen auf. Doch mit dem Tier hatte es eine besondere Bewandtnis. Als das Mädchen den Hof betrat, riß sich die Haut von der Wand los, schwirrte leicht wie ein Fischernetz durch die Luft und umhüllte das Mädchen. Dann hob sie sich empor und wurde kleiner und kleiner, bis sie mit ihrer Gefangenen verschwand.

Etliche Stunden später fand der Vater an einem Maulbeerbaum, was ihm von seiner Tochter und dem Pferd geblieben war: An einem Zweig klebte ein Kokon, in dem sich eine kleine Raupe verbarg. Dieses Tier spann einen feinen, kräftigen Faden, der sich, wie sich bald herausstellte, zu fürstlichen Stoffen verarbeiten ließ. Und so entstand, wie die Chinesen berichteten, die erste Seidenraupe.

Ein neues Leben in Tiergestalt

In längst vergangenen Tagen, als noch Galeeren das Mittelmeer durchpflügten, senkte sich manchmal um die Zeit der Wintersonnenwende eine seltsame Ruhe über das Meer: Die brüllenden Stürme legten sich, die Sonne brach durch die Wolken hervor, und bald darauf lag das Wasser still und glatt wie ein Spiegel da. Dies waren, wie die Fischer sagten, die halkyonischen Tage, während derer die Eisvögel auf niederen Gestaden ihre Nester bauten. Kein Sturm störte die Vögel, solange sie ihre Jungen ausbrüteten, behaupteten die Männer, denn die Eisvögel unterstanden dem Schutz der Götter. Und das kam so:

An der Küste Thessaliens herrschte einst ein König namens Keyx, der sich mit einer Frau namens Halkyone vermählte. In beider Adern floß göttliches Blut, denn Keyx war der Sohn des Morgensterns, Halkyone die Tochter des Windgottes.

Halkyone fürchtete die Macht der Götter und weinte, als ihr Gemahl eine Seereise antrat. Eines Nachts hatte sie einen schrecklichen Traum, in dem ihr Keyx erschien: Er war bleich und blickte sie mit seelenlosen Augen an, und an seinem Bart hingen Algen.

Am Morgen verließ Halkyone den Palast, um zum Strand zu gehen, und dort entdeckte sie, daß Keyx mit diesem Traum Abschied von ihr genommen hatte, denn seine Leiche trieb auf den Wellen. Da stürzte sich Halkyone in die Fluten, doch die Götter hatten Mitleid mit ihr. Sie verwandelten sie in einen Eisvogel, der sich auf glänzenden Schwingen in die Lüfte erhob; kurz darauf schloß sich ihm ein zweiter an, denn die Götter hatten Keyx in dieser Gestalt seiner Frau zurückgegeben.

Aus diesem Grunde, so meinten griechische Seefahrer, brauchten Reisende nichts zu befürchten, solange die Eisvögel brüteten: An diesen klaren Tagen schob sich keine Wolke vor den hellen Morgenstern, und der Gott des Windes achtete darauf, daß keine Böe die Meeresstille störte.

Die Rache einer Göttin

Nicht nur auf der Erde finden sich Wunder der Natur, die durch Verwandlungen zustande kamen. Einige ziehen am Himmel ihre Bahn – darunter am nördlichen Himmel der Große und der Kleine Wagen. Sternbeobachter der Antike deuteten sie als Tiergestalten und nannten sie den Großen und den Kleinen Bären. Und sie wußten zu berichten, wie die beiden nächtlichen Jäger an das Firmament gekommen waren.

Zeus verliebte sich in Kallisto, eine junge Jägerin, und sie gebar ihm einen Sohn. Das Kind wuchs zu einem edlen Knaben und vortrefflichen Jäger heran. Aber die Verbindung brachte kein Glück. Hera, Zeus' Gemahlin, war empört über den Seitensprung und rächte sich: Sie verwandelte die schlanke Jägerin in eine mächtige Bärin, die schwer und plump, mit verfilztem Fell und sabbernden Lefzen durch die Gegend trottete. In dieser Gestalt traf Kallisto im Wald ihren Sohn.

Als sie sich ihm gedankenlos näherte, holte der Jüngling verständlicherweise aus, um das Tier mit dem Speer zu erlegen.

Aber Zeus hatte Mitleid und griff ein. Der Gott verwandelte seinen Sohn ebenfalls in einen Bären und versetzte ihn mit seiner Mutter an das Himmelszelt, an dem sie seither als Sternbilder leuchten.

Kapitel Zwei

Im Netz des Zauberbanns

Jedes Jahr im Herbst, wenn von Norden die Schwäne auf rauschenden Schwingen heranzogen und sich in duftig weißen Schwärmen auf den irischen Seen versammelten, dachten die Barden des Landes an die Geschichten, die von längst vergangenen Wundern berichteten.

Manchmal erzählten sie von den Göttern ihrer Vorfahren, die in Gestalt von Schwänen auf der Erde umherzogen. Und manchmal sangen sie Lieder, die von verhängnisvollen Verwünschungen handelten. Unter ihnen befand sich auch das folgende:

Lange bevor das Christentum Irland erreichte, lange auch vor der Zeit, da menschliche Helden wie Finn Mac Cumal lebten, herrschte im Lande ein zauberkundiges Volk. Es waren die Tuatha Dé Danann, ein aus mehreren Clans bestehendes Elfenvolk, an dessen Spitze ein Hochkönig stand. Zu der Zeit, in der die Geschichte spielt, gab es vier Clans, und regiert wurden sie von einem Fürsten namens Bodb dem Roten. Einer der Clan-Häuptlinge, Lir mit Namen, stand in besonders enger Beziehung zu dem Hochkönig, denn er heiratete Bodbs Pflegetochter Aeb und führte sie in seine Burg auf dem Berg des Weißen Feldes, unweit von Armagh im heutigen Ulster.

Aeb schenkte Lir zweimal Zwillinge, zuerst eine Tochter, Fionguala, und einen Sohn, Hugh, dann zwei Knaben, Fiachra und Conn. Nach dem zweiten Kindbett geschwächt, starb Aeb, und die Trauer Lirs war groß. Er hatte sein junges Weib innig geliebt, eine Frau von vollkommener Güte und Schönheit, und nun blieb ihm nichts von ihr als die vier Kinder.

Die Zeit verging, ohne Lirs Kummer zu heilen. Da beschloß der Hochkönig, seinem Leid sanft, aber bestimmt ein Ende zu bereiten. Er schickte ihm Aoife, die Schwester Aebs, damit er sie zur Frau nahm.

Es war eine vernünftige und zudem nicht ungewöhnliche Lösung, denn viele Frauen starben in jenen Zeiten jung und hinterließen kleine Kinder. Aoife, die „Schöne und Kundige", wie sie genannt wurde, erhielt einen mächtigen Fürsten zum Gemahl; Lir seinerseits bekam eine Frau, die sein Bett wärmte und seinen Kindern die Mutter ersetzte. Doch es vergingen nur wenige Jahre, bis sich neue Schwierigkeiten auftaten.

Schuld daran waren die Kinder. In den ersten Jahren nach dem Tod der Mutter sich selbst überlassen, hatten sie sich zu einer engen, verschworenen Gemeinschaft zusammengeschlossen, in der die Knaben bei dem Mädchen Fionguala Schutz und Wärme suchten. Die vier hielten fest zusammen und bildeten so etwas wie einen eigenen Clan an Lirs lebhaftem Hof. Wohin sie auch gingen, zogen sie die Augen aller auf sich, denn sie hatten die lichte Schönheit ihrer Mutter geerbt und ähnelten ihr, je älter sie wurden, immer mehr an Charme.

Die Kinder behandelten ihre Stiefmutter mit ausgesuchter Höflichkeit, begegneten ihr aber mit dem Ernst von Erwachsenen. Mit ihrem Vater dagegen, dem sie ihr ganzes Vertrauen schenkten, tobten sie unbefangen wie junge Hunde. Wenn Lir sie des Morgens lachen hörte, verließ er Aoifes Bett, um ihnen beim Spiel zuzusehen.

Aoife, die kinderlose Fremde, fühlte sich von der Familie ausgeschlossen und begann, Lirs Kinder zunächst verständnislos, dann mit zunehmender Kälte zu beobachten. Jeden abgewendeten Blick, jede höflich umgangene Frage von ihr, jedes vertraute Lächeln in die Richtung Lirs bemerkte und verschloß sie in ihrem Herzen, und sie wurde krank vor Eifersucht.

Nach außen ließ sie sich nichts anmerken, doch als die Zeit reif war, als Hugh, der älteste der Knaben, fast siebenjährig, das Waffenhandwerk erlernen sollte, sah Aoife eine Gelegenheit, sich ihrer Rivalen zu entledigen. Sie war mit Verwünschungen und Zaubersprüchen wohlvertraut.

Der Tag kam, an dem der Hochkönig einen Boten mit einer Einladung für die Kinder zu Lirs Burg schickte. Bodb der Rote betrachtete sich als ihr Großvater und wollte sie an seinem eigenen Hofe ihrem hohen Stande gemäß ausbilden lassen.

„Ich werde die Kinder nach Süden begleiten", sagte Aoife. Ihr Vorschlag kam nicht überraschend. Viele irische Frauen waren vorzügliche Wagenlenkerinnen, und einige zogen sogar an der Seite ihres Mannes in den Kampf. Lir lächelte zustimmend: Aoife war jung und eine Reise vermutlich ihr langgehegter Wunsch.

Doch da schob Fionguala ihre Hand in die Lirs und sagte: „Wir reisen mit unserem Vater, Herrin." Ihre Brüder drängten sich um sie.

Lir jedoch duldete keinen Widerspruch, nicht einmal von seinen geliebten Kindern. „Ihr reitet mit eurer Mutter nach Süden", bestimmte er. „Ich komme nach, sobald meine Pflichten es mir erlauben."

Damit mußten sich die Kinder zufrieden geben. Und so brachen Fionguala und Hugh, Fiachra und Conn mit ihrer Stiefmutter und einer kleinen Schar von Bediensteten zu einer wochenlangen Reise auf, die sie südwärts durch Irland führte. Wenn Aoife den Wagen lenkte, beanspruchten die Pferde ihre ganze Aufmerksamkeit, und sie sprach kaum mit den Kindern; diese standen hinter ihr, bemüht, den peitschenden Schlägen ihres wehenden Umhangs auszuweichen. Gelegentlich, wenn sie die vier absteigen und den holprigen Weg gehen ließ oder wenn die Gruppe lagerte, fühlten die Kinder ihre dunklen, abschätzenden Augen auf sich ruhen. Doch auch dann richtete Aoife kaum jemals ein Wort an sie.

Sie erreichten das Ufer des Lough Derravaragh, eines vom Gipfel des Berges Knokkeyon beherrschten, glänzenden Sees, und Aoife befahl ihrem Gefolge haltzumachen, um die Pferde zu schonen. Es war noch früh am Tage, aber sie ließ die Tiere ausspannen und unter Aufsicht der Bediensteten zum Grasen auf eine nahe gelegene Wiese führen. Nachdem alle anderen gegangen waren, rief sie die Kinder an das Seeufer.

„Ab in den See, und wascht euch den Staub der Reise ab", sagte Aoife. Die Knaben zögerten, doch Fionguala erinnerte sich an den Ton ihres Vaters, als sie sich beim letztenmal den Befehlen Aoifes widersetzt hatten, und gab ihnen ein Zeichen, zu gehorchen. Sie und die anderen Kinder legten die Kleider ab und bahnten sich zitternd einen Weg durch das am Ufer wachsende Schilf in das eisige Wasser des Sees. Fionguala warf einen Blick zurück auf ihre Stiefmutter. Sie kniete im Gras und betrachtete offenbar ein paar kleine Blumen, die dort wuchsen.

Wenig später drehte sich Fionguala noch einmal um. Sie sah Aoife aufrecht stehen. Die Arme hatte sie gen Himmel erhoben, und ihre Lippen formten unverständliche Worte, die von oben beantwortet zu werden schienen. Der Wind frischte plötzlich auf, und am blauen Firmament rasten und brodelten unheilverkündende Wolken. Aoife ließ die Hände sinken. Sofort erstarb der Wind, und die Wellen legten sich.

Sie drehte sich langsam zum See um. Wo eben noch die Kinder gebadet hatten, schwammen nun vier weiße Schwäne. Ihre Augen hatten die gleiche dunkelblaue Farbe wie die der Kinder des Lir.

„Weh über uns! Welch eine böse Tat, Stiefmutter!" rief einer der Vögel mit der hellen Stimme Fiongualas.

„Ich kann sie nicht mehr rückgängig machen", erwiderte Aoife, und es schien, als sei ihr Zorn verraucht und sie von bitterer Reue ergriffen über das, was sie getan hatte. Sie starrte eine Zeitlang auf die Schwäne. Tränen rannen ihr die Wangen hinab.

„Welches sind die Bedingungen unserer Verwandlung?"

Aoife rang die Hände, während sie ihnen den schrecklichen Wortlaut des Fluches eröffnete, den sie getan hatte.

„Ach, Kinder", sagte sie, „dreihundert Jahre hier, auf dem Wasser des Derravaragh; und dreihundert weitere Jahre im Norden auf der See zwischen Irland und Schottland; und abermals dreihundert Jahre im westlichen Meer bei der Insel Inishglora; und niemand soll euch erlösen, bis eine Frau aus dem Süden sich mit einem Mann aus dem Norden vermählt. So sehr ich es jetzt auch wünschte, ich kann den Fluch nicht ungeschehen machen. Aber etwas kann ich euch geben. Ihr sollt eure menschliche Sprache und euer Gedächtnis behalten, so daß der Zauber euch nicht gänzlich vernichtet. Und euer Gesang soll schöner klingen als alles, was man auf Erden je gehört hat."

Damit trat sie vom Ufer zurück. Die in Schwäne verwandelten Kinder hörten sie Befehle erteilen: Sie ließ die Pferde einspannen und ordnete an, weiterzuziehen. Die bronzebeschlagenen Räder des Wagens ratterten davon, und die Rufe der Dienerschaft verhallten allmählich in der Ferne. Die Schwäne blieben allein zurück – allein mit den Wellen, die sanft an das Ufer schlugen, und dem Wind, der in sanftem Säuselnd durch das Schilf strich.

Wochen vergingen. Die vier Schwäne glitten über das spiegelglatte Wasser. Hin und wieder beugten sie die langen Hälse, um ihr weißes Spiegelbild vor den langsam treibenden Wolken zu betrachten. Den mächtigen Vögeln blieb nichts anderes übrig, als zu trauern und ihre Zeit abzuwarten, denn sie konnten den See nicht verlassen, an den Aoifes Worte sie gekettet hatten.

Eines Tages erbebte die Erde unter dröhnendem Pferdegetrappel, und eine Gruppe von Reitern erschien am Ufer. Es war der Vater der Kinder mit seinem Gefolge, der aufgebrochen war, um sie zu suchen. Fiongual a rief ihn an. Lir hörte die Stimme seiner Tochter und trat zu der Stelle, an der die Schwäne im See schwammen. So erfuhr er von ihnen die Geschichte ihrer Verwandlung und er weinte, als er sie hörte.

Dann, so erzählten die Barden, ritt Lir weiter und folgte seiner Frau an den Hof des Hochkönigs. Er widerlegte die Lügen, die Aoife und ihre Diener über den Verbleib der Kinder verbreitet hatten. Bodb der Rote bestrafte sie. Er verwandelte Aoife in einen Dämon der Lüfte, dazu verdammt, auf ewig in rabenähnlicher Gestalt einsam durch die Nacht zu flattern.

Doch selbst der Hochkönig konnte den Fluch nicht von den Kindern nehmen, den Aoife ausgesprochen hatte. Dreihundert Jahre lang schwammen die vier Schwäne auf dem Lough Derravaragh, und sie sangen so schön, daß jeder, der sie hörte, seinen Kummer und seine Sorgen vergaß. Wenigstens waren sie nicht mehr allein: Ihr Vater, seine Gefolgsleute und alle Clans der Tuatha kamen zu dem See, um ihnen zu lauschen. Und während der ganzen Zeit herrschte Frieden in Irland, erzählten die Barden.

In den zweiten dreihundert Jahren ihrer Verbannung sollte es anders kommen. Eines Tages im Herbst, als die Zeit abgelaufen war, erhoben sich die Schwäne von ihrem See und zogen mit mächtigem Flügelschlag gen Norden zur Küste, dorthin, wo steile Basaltklippen die eisige, nebelverhangene See säumten, an die Straits of Moyle, wie die Iren sie nannten. Dreihundert Jahre trotzten sie der Kälte und Einsamkeit, und ihr hoher klagender Gesang drang gelegentlich an die irische und schottische Küste.

Wenn die wilden Stürme dieser Region tobten, flüchteten sie sich gemeinsam vor der unbarmherzigen See auf die aufragenden Felsen, und Fionguala gab ihren Brüdern Schutz, wie sie es seit ihrer Kindheit getan hatte. Sie breitete ihre weiten Schwingen über Conn zur Rechten und Fiachra zur Linken aus, und Hugh schirmte sie mit dem Gefieder ihrer Brust ab.

Als diese Zeit der Verbannung vorüber war, verließen sie die Straits of Moyle und flogen westwärts zu der zerklüfteten Felseninsel Inishglora in der Bay of Erris. Dort verbrachten sie die restlichen dreihundert Jahre.

Schließlich kam das Ende ihrer Verbannung. Die vier Schwäne erhoben sich wie auf Befehl und machten sich auf den Weg nach Hause, zum Berg des Weißen Feldes, auf dem Lirs Festung stand. Hoch über den Wolken zogen sie über das Land, über Connacht und Sligo und Leitrim nach Ulster. Doch als sie niedergingen, fanden sie nur verwüstetes Land. Während der langen Zeit ihrer Gefangenschaft hatte sich alles verändert. Der Berg, so der Chronist, lag „verlassen und dornenüberrankt vor ihnen, mit nichts als grünen Erhebungen, wo einst die Paläste und Häuser ihres Clans gestanden hatten, und Nesselwälder breiteten sich darüber, und nirgendwo ein Haus oder Herd".

Die Tuatha waren von der Oberfläche der Erde verschwunden; sie hatten sich zurückgezogen vor der sich immer stärker ausbreitenden Menschheit. Die Kinder sollten ihr Volk niemals wiedersehen.

Heimatlos und verwunschen, so berichtet die Geschichte weiter, kehrten die Schwäne an den Ort zurück, der ihnen zuletzt Unterschlupf geboten hatte, Inishglora. Dort begegneten sie einem Angehörigen des neuen Geschlechts, das in Irland eingedrungen war. Auf Inishglora hatte ein heiliger Einsiedler namens Mo Caemóc aus Steinen eine runde Kapelle errichtet, in der er hauste. Er nahm die vier Schwäne auf und fertigte Silberketten für sie an und legte sie zum Schmuck um ihre schlanken Hälse.

Der Tag ihrer Erlösung kam, als sich ein Mann aus dem Norden mit einer Frau aus dem Süden vermählte: Ein König von Connacht heiratete die Tochter eines Königs von Munster. Ihm war die Geschichte von Schwänen, den Überlebenden einer vergangenen Zeit, zu Ohren gekommen, und er machte sich auf zu der Insel mit der Kirche des Heiligen und versuchte, die Schwäne an ihren Silberketten zu entführen. Doch kaum hatte er die Ketten ergriffen, da zerbrachen die Glieder, und die Federn fielen von den Vögeln ab. Die Kinder des Lir standen vor ihm, aber es waren keine Kinder mehr. Die Schwäne, so der Chronist, hatten sich in „drei verhutzelte, gebrechliche alte Männer und eine magere, runzelige alte Frau, fleisch- und blutlos von unvorstellbarem Alter" zurückverwandelt.

Ihr freudloses Leben war zu Ende. Als die Schwester und ihre Brüder starben, begrub der alte Mönch sie beieinander, so wie sie sich in den kalten Winter-

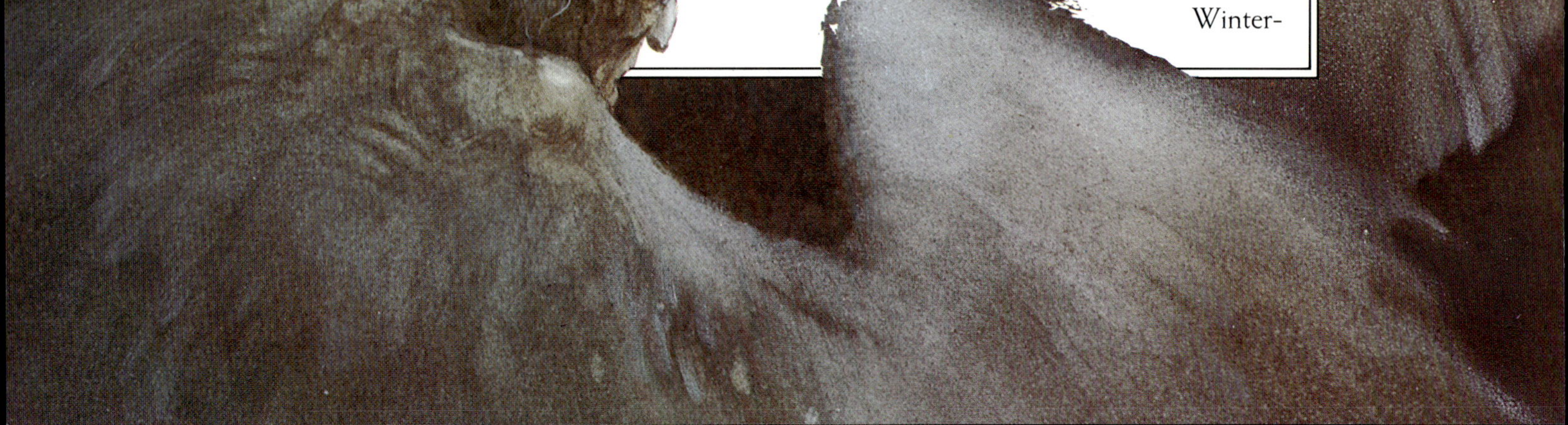

Verwünschungen folgten ihrem eigenen Gesetz: Die in Schwäne verwandelten Kinder des irischen Häuptlings Lir erhielten ihre menschliche Gestalt erst zurück, nachdem alle Bedingungen erfüllt waren – und starben dann.

Ein Ungeheuer aus Ton

Viele Zaubergeschichten handeln von Urkräften, die, einmal freigesetzt, außer Kontrolle gerieten. Jüdische Legenden etwa berichten von Golems, magisch belebten Wesen, die der Gewalt ihrer Meister gefährlich entglitten.

Golems waren menschliche Figuren aus Ton, denen Schriftgelehrte Leben einhauchten. Man behauptete, daß Rabbiner die Golems beseelten, indem sie ihnen ein Stück Pergament unter die Zunge schoben, auf dem der Name Gottes geschrieben stand, und dabei einen Vers aus den heiligen Schriften sprachen. Solche Rituale galten einst als geistige Übungen – zum Beweis für die Macht der heiligen Welt.

Später dienten Golems weltlicheren Zwecken. Der bekannteste von ihnen – der Golem von Prag, der von seinem Erschaffer und Meister den Namen Joseph erhielt – verteidigte die Juden im Prager Getto gegen Überfälle ihrer christlichen Mitmenschen. Je länger Joseph existierte, desto größer und mächtiger wurde er, und er bildete eine wirksame Waffe, die gewalttätige Angreifer abschreckte. Zugleich machte er sich als Gehilfe von Baumeistern und als Bote nützlich: Er besaß zwar nicht die Gabe der Rede, da er keine Seele hatte, aber er verstand, was ihm aufgetragen wurde, und verstand zu gehorchen.

Wie andere magische Wesen auch, konnten Golems eine gewisse Eigensinnigkeit entwickeln, und ihr unablässiges Wachstum machte sie zu einer Gefahr für die Menschen, denen sie dienen sollten. So war es auch bei Joseph, der aus unerfindlichen Gründen eines Sabbatabends zu wüten begann. Mit seinen gewaltigen Schultern brachte er die Mauern des Gettos zum Einsturz, und wo immer er sich aufhielt, gingen Gebäude in Flammen auf. Er hätte sicherlich das ganze Judenviertel dem Erdboden gleichgemacht, wenn sein Meister ihn nicht eingefangen, ihm das Stück Pergament aus dem Mund genommen und den Vers, der ihm das Leben verliehen hatte, rückwärts hergesagt hätte. Als der Rabbi die letzte Silbe gesprochen hatte, war von dem Golem nur noch ein Klumpen lebloser Ton übrig.

nächten am Meer zusammengekauert hatten, als sie noch Schwäne waren: Fionguala in der Mitte, Conn zu ihrer Rechten, Fiachra zu ihrer Linken und Hugh an ihrer Brust.

Die innige Verbundenheit der Kinder des Lir lebte jahrhundertelang nach ihrer Beerdigung unter den Steinen von Inishglora in der Erinnerung der Menschen fort. Fromme Christen errichteten später ein Kloster auf der Felseninsel, und man erzählte sich, daß die Luft dort eine Art reinigende, erhaltende Wirkung habe, ganz so, als ob die Liebe der vier Kinder dort auf zauberhafte Weise weiterwirke. Leichen, die auf Inishglora bestattet wurden, verwesten nicht.

Das Leid der Kinder des Lir, die um ihr Leben betrogen wurden – die Jahrhunderte, die sie schutzlos Wind und Wellen ausgesetzt waren, die Vertreibung und Trennung von dem geliebten Vater –, waren Strafen, die Unschuldige trafen, und zwar durch eine Kraft, die sich, einmal in Gang gesetzt, nicht mehr aufhalten oder auch nur in ihren Grundbedingungen verändern ließ.

Von Eifersucht getrieben, hatte Aoife einen Bann ausgesprochen; damit lösten die Worte eine Kette von Ereignissen aus, an denen sie, so sehr sie ihr Tun auch nachträglich bereute, im wesentlichen nichts mehr ändern konnte, die sich vollenden mußten, bis sich jedes Wort seiner Bedeutung gemäß erfüllt hatte. Ein Zauberbann barg in sich eine Geschichte. Einmal begonnen, lief diese Geschichte unbarmherzig bis zu dem Ende ab, der in dem Bann selbst vorgegeben war.

In alten Zeiten konnte die Macht des Zaubers die Grundzüge der Existenz verändern, ja die Gesetze des Universums aufheben. Damit bildete sie eine große Gefahr, insbesondere in den ersten Jahrhunderten, als viele Wesen auf der Erde noch des Zaubers mächtig waren. Und die Gefahr erstreckte sich auf jene, die von dieser Macht Gebrauch machten, wie die Geschichte von den Kindern des Lir zeigt, denn Verwünschungen konnten sich, wie im Fall von Aoife, zum Schaden dessen auswirken, der sie ausgestoßen hatte.

In späteren Zeiten zogen sich die zauberkundigen Wesen in eine unsichtbare Welt zurück. Die Menschen, die sie verdrängten, um fortan die Erde zu beherrschen, hielten die Erinnerung an jene früheren Geschlechter, die sie mal Elfen, mal alte Götter nannten, in Liedern und Geschichten wach.

Doch ihre Vorgänger waren mehr als bloße Erinnerungen. Über Jahrhunderte fuhren die Verdrängten fort, die Sterblichen von Zeit zu Zeit aufzusuchen, und Männer und Frauen konnten einen Eindruck ihrer ursprünglichen Macht gewinnen.

Die Haltung der ursprünglichen Geschlechter gegenüber den menschlichen Usurpatoren war bestenfalls zwiespältig – sie schwankte, wie es schien, zwischen Liebe und Haß. Angesichts der Kräfte, über die sie nach wie vor geboten, machte diese Haltung sie erst recht gefährlich.

Schon in den ältesten Legenden über die Erschaffung des Menschen – Legenden, in denen die Götter als das Geschlecht auftraten, das bald verdrängt werden sollte – kamen Geschichten vor, die von der Allwissenheit und der kaum verhohlenen Feindseligkeit dieser frühen Wesen zeugen.

Griechischen Weisen zufolge verdankten die Menschen ihre Existenz dem Titanensohn Prometheus, der sie aus Ton formte, und dem Göttervater Zeus, der ihnen Odem einhauchte. Um den kleinen Irdischen, die er geschaffen hatte, Macht zu verleihen, stahl Prometheus für sie das heilige Feuer. Damit handelte er wider den Willen von Zeus, der befürchtete, daß sich die Menschheit, einmal zu mächtig, gegen die Götter erheben und sie vernichten würde.

Zeus zögerte nicht, Prometheus zu bestrafen. Er ließ den Titanensohn an einen Felsen schmieden, an dem er fortan in aller Ewigkeit schmachten sollte, und entsandte

Der griechische Gott Zeus fürchtete das erstarkende Menschengeschlecht und übergab Pandora ein Tongefäß, dessen Inhalt nicht für die Augen der Irdischen bestimmt war. Doch wie von Zeus vorausgesehen, öffnete Pandora den Deckel und setzte Plagen frei, die fortan die Welt heimsuchten.

Die bösen Taten einer Zauberin

Eine Zauberin, die ihre Gaben in verwerflicher Weise nutzte, war Morgan le Fay, eine Halbschwester des britischen Königs Artus. Als Mädchen, so schrieb ein Chronist, „besuchte Morgan le Fay eine Klosterschule, und dort lernte sie so viel, daß sie zu einer großen Jüngerin der Schwarzen Kunst wurde". Sie war imstande, sich in die begehrenswerteste aller Frauen oder das abstoßendste aller Weiber zu verwandeln; sie konnte fliegen und Trugbilder hervorzaubern.

Morgan le Fay nutzte ihre Kunst fast ausschließlich, um ihren Halbbruder und dessen Gemahlin, Königin Guinevere, zu verfolgen. Sie haßte beide, vielleicht, weil sie ihnen nicht verzeihen konnte, daß sie sie in ihrer Jugend von ihrem ersten Geliebten getrennt hatten, vielleicht aber auch nur, weil sie Artus um seine Größe beneidete. Auf jeden Fall schadete sie dem König, seiner Gemahlin und seinen Rittern, wo immer sie konnte. So versuchte sie, die Männer von ihrem ureigensten Metier, dem Kampf, fernzuhalten, indem sie ein Tal verwünschte. Wer es betrat, geriet in seinen Bann und war dazu verdammt, seine Tage untätig in einem üppig grünen Paradies zu verbringen – eine Art Tod für jeden Ritter. Sie trachtete Königin Guinevere zu vernichten, indem sie ihren Treuebruch mit Lancelot aufzudekken versuchte. Sie machte ihr ein verzaubertes Trinkhorn zum Geschenk, das in der Hand einer treulosen Dame Wein verschüttete. Um den König zu töten, fertigte sie einen prachtvollen Zaubermantel an und ließ ihn durch eine Botin zu Artus bringen. Wer ihn anlegte, ging mit dem Kleidungsstück in Flammen auf.

Aber Morgans ruchlose Pläne wurden immer wieder vereitelt. Der Zauber, der auf dem sogenannten Tal ohne Wiederkehr lag, konnte von einem Mann gebrochen werden, der seiner Geliebten die Treue hielt; ironischerweise blieb es Lancelot, der seine Königin liebte und ihr stets treu war, überlassen, die Grenzen zu überschreiten und damit die Gefangenen zu befreien. Das Trinkhorn blieb an Artus' Hof unbenutzt; es wurde an den Hof eines anderen Königs, Marke von Cornwall, weitergesandt. Und vor dem Mantel rettete Artus die Warnung einer Fee. Als der König von seiner Gefährlichkeit erfuhr, befahl er Morgans Botin, das Kleidungsstück selbst anzulegen, und sie starb vor seinen Augen.

Morgan le Fay selbst zog sich schließlich verbittert von den Menschen zurück und blieb ihrer Welt fern.

einen Adler, der von seinem Fleisch fraß und Stücke aus seiner Leber riß.

Zugleich erdachte der Gott eine Strafe für die Irdischen, die wie ein Fluch auf ihnen lasten sollte. Er schuf eine Frau von unvergleichlicher Schönheit, und er sorgte dafür, daß sie in allem vollkommen war: Sie war unwiderstehlich, sie war listig, und sie war erfahren in der Kunst der Liebe. Dieses fehlerlose Geschöpf gab er Epimetheus, einem Bruder des Prometheus, der gleichwohl unter den Menschen lebte, zur Frau. Als Gabe für ihren Gemahl brachte sie eine Büchse mit, die, wie der Gott befahl, niemals geöffnet werden durfte, weil der darin eingeschlossene Schatz voller Gefahren steckte.

Epimetheus verbarg das Gefäß an einem wohlüberlegten Ort, doch sein junges Weib quälte die Neugier. Schließlich fand sie das Versteck. Sie nahm die Büchse und eilte damit in ein Gemach, in dem niemand sie beobachten konnte. Dort setzte sie sie ab und öffnete den Deckel.

Es war ein Gefäß des Schreckens. Schatten drangen daraus hervor, stiegen an den Wänden des Gemachs empor, flohen durch die Fenster und entschwebten durch die Lüfte. Zu ihnen gehörten Plagen – die Dämonen der Armut, der Krankheit, des Hungers und allen Übels, das die Menschheit fortan heimsuchen sollte. Wie von Zeus vorausgesehen, war die Frau zu schwach, um einen Gegenstand wie die Büchse zu verwahren. Ihr Name, Pandora oder die „Allgeberin", war nichts als bittere Ironie.

Die Büchse der Pandora glich ihrem Wesen nach den Bannsprüchen späterer Zeiten: Sie barg Kräfte, die, einmal freigesetzt, durch keine Macht der Welt wieder eingedämmt werden konnten. Allerdings hatte Zeus der Überlieferung zufolge in der Büchse bei allem Übel auch eine gute Gabe verborgen: die Gabe der Hoffnung.

In der Art, wie der Gott das neuerstandene und bedrohliche Geschlecht behandelte – in der Tatsache, daß er eine Frau mit einem Gefäß voller Gefahren entsandte, die sie nicht verstand –, spiegelte sich die gleiche ironische Boshaftigkeit gegenüber den Irdischen wider, die in späteren Zeiten bei vielen Zauberkundigen zu beobachten war. Es schien, als spielten die älteren Beherrscher der Erde zum Vergnügen mit den Irdischen, die ihnen an Macht weit unterlegen waren, während sie zugleich wußten, daß eben diese Männer und Frauen einst die Welt regieren würden, wenn sie selbst verschwunden waren.

Um sie zu überlisten, stellten die Wesen der archaischen Welt Fallen für diejenigen auf, die sie entthronen sollten: Zaubersprüche und Verwünschungen, die die Menschen selbst durch ihre Handlungen in Gang setzten. So als ob sie mit fremden Völkern verhandelten, was die Menschen in der Tat waren, boten die Meister der Magie Verträge in Form von Zauberformeln an, abgesichert durch Grenzen und Regeln, die zwar klar definiert, für den menschlichen Verstand aber oft undurchschaubar waren. Ein Bruch der Regeln setzte den vorbestimmten Ablauf der magischen Formel in Gang und führte zu Kummer und Leid.

Aus Irland etwa ist die vielbesungene Geschichte von Gerald, dem Herzog von Desmond, bekannt, dessen Ländereien in Kildare lagen. Der Herzog, Sohn eines Irdischen und einer Nicht-Irdischen, der Elfe Áine, hatte sich als Krieger ausgezeichnet und gehörte zu den Vorkämpfern Irlands. Aber es gab noch etwas, um dessentwillen er von jedermann gerühmt wurde. Man sagte, daß seine Abstammung ihm die Fähigkeit verlieh, sich zu verwandeln.

Gerald heiratete eine Irdische, eine Frau, die keinen größeren Wunsch hatte, als das Wunder zu sehen. Diesen Wunsch allerdings schlug er ihr ab, indem er ihr erklärte, daß derartige Dinge dem menschlichen Auge besser verborgen blieben. Doch der Herzog liebte seine Gemahlin, und da sie ihn so zärtlich bat, gab er eines Morgens ihrem Drängen nach.

„Euch zum Gefallen, liebe Dame, will ich mich verwandeln", sagte er. „Aber eine Verwandlung ist etwas Schreckliches. Ihr dürft nicht aufschreien, wenn Ihr mich seht; Ihr dürft auch keine Furcht zeigen, denn wenn Ihr das tut, werden mich die Ketten des Zaubers für Generationen unter der Erde fesseln."

Stolz erwiderte die Herzogin, sie sei die Tochter eines großen Kämpfers und die Gemahlin eines anderen. Sie habe niemals Furcht in ihrem Leben gezeigt und werde es auch jetzt nicht tun.

„So seht her", gab der Herzog zur Antwort und küßte sie. Im nächsten Augenblick war er verschwunden, ohne daß ein Wort oder eine Gebärde von ihm nötig gewesen wäre.

Die Herzogin wartete. Nach einer Weile hörte sie ein Tirilieren, und sie sah einen kleinen Vogel über ihrer Schulter flattern. Sie streckte die Hand aus, und das Tier ließ sich darauf nieder. Es war ein Goldfink. Die Herzogin lächelte entzückt, und der Goldfink neigte kokett das Köpfchen und blinzelte ihr schelmisch zu (der Herzog fand offenbar selbst Spaß an seiner Kunst).

Der Vogel schwang sich empor und landete auf der Fensterbrüstung. Die Herzogin sah ihm lachend zu. Im gleichen Augenblick ertönte jedoch von draußen ein wütendes Kreischen, und mit rauschendem Flügelschlag stieß ein Falke mit ausgestreckten Fängen auf den Finken herab. Die Herzogin schrie auf und stürzte hinzu, um den kleinen Vogel zu beschützen.

Das war das Ende. Der Goldfink verschwand, und der Falke, der sich um seine Beute betrogen sah, drehte ab und stieg wieder gen Himmel auf. Die Herzogin war allein.

Und sie blieb allein bis an ihr Lebensende. Ohne es zu wollen, hatte sie die Gesetze des Zaubers, über den ihr Gemahl gebot, gebrochen, und sie sah ihn niemals wieder. Andere Menschen sahen ihn wohl, wie es schien. Jahrhundertelang, so erzählte man sich in Irland, lag der Herzog mit einem Trupp Krieger in tiefem Schlaf in einer Höhle unter seinen eigenen Ländereien. Alle sieben Jahre ritt die Gruppe auf weißen Pferden, die mit Hufeisen aus purem Silber beschlagen waren, einmal um The Curragh, ein ausgedehntes Weidegebiet in Kildare. Es hieß, daß der Herzog zurückkehren und als König über Irland herrschen werde, wenn die Hufe der Pferde abgewetzt und nur noch so dünn waren wie das Ohr einer Katze.

Nur selten stürzte das Zusammentreffen von Mensch und Magie beide Seiten auf solche Weise ins Unglück. Die meisten Geschichten berichteten vielmehr von den letzten kleinen Siegen der alten Geschlechter über das neue.

Ihre Bedingungen stellten die Zauberkundigen manchmal so unmerklich, daß die Sterblichen ihre Tragweite übersahen. Da sie die Gefährlichkeit der Wesen, mit denen sie es zu tun hatten, nicht erkannten, gingen Männer und Frauen leichtfertig mit dem Wunderbaren um, und sie zahlten einen hohen Preis für ihre Leichtfertigkeit.

So geschah es lange vor Gerald zu einer Zeit, da Finn Mac Cumal und seine Mannen die Berge und Küsten Irlands verteidigten. Die Fianna, wie die Gemeinschaft der Krieger genannt wurde, vereinte die hervorragendsten aller Recken, ausgebildet und erprobt in allen Manneskünsten. Sie konnten nicht nur die traditionellen irischen Lieder singen, sondern wußten auch auf dem Schlachtfeld ihre Schwerter zu schwingen.

Vielleicht lag es an ihrer Überlegenheit gegenüber der Masse ihrer Mitmenschen, daß es den Recken der Fianna vergönnt war, die unsichtbaren Grenzen zwischen ihrer eigenen und der Welt älterer Geschlechter leichter zu überschreiten als andere. Das Volk der Tuatha – Lirs Geschlecht – hatte sich damals schon seit langem den Blicken der allgemeinen Menschheit entzogen.

Doch die Pforten zu ihrem unsichtbaren Reich blieben durchlässig. Finn selbst heiratete eine Elfe und zeugte mit ihr einen Sohn. Und viele seiner Kämpen drangen mutig in das Zauberreich der Tuatha ein.

Es scheint, daß die Fähigkeit der Fianna, anderen Sterblichen gesetzte Grenzen mit Leichtigkeit zu überwinden, sie zu einer gewissen Überheblichkeit verleitete. Zu den irischen Recken gehörte ein Mann namens Iollan, ein Fürst, der eine Geliebte aus dem Elfenreich hatte. Aber Iollan versäumte es, ihr die nötige Aufmerksamkeit zukommen zu lassen, ein Fehler, den er bitter bereuen sollte, denn es war immer gefährlich, die Beziehung zu einer Elfe auf die leichte Schulter zu nehmen.

Zu Beginn ihrer Liebe erlebten die beiden ein ungetrübtes Glück. Wenige nur bekamen Iollans Geliebte zu Gesicht, doch wer sie sah, erwähnte ihren Namen – Fair Breast (Schönbusen) – nie, ohne im gleichen Atemzug ihre liliengleiche Schönheit und ihre lichte, verwirrende Anmut zu rühmen. Wann immer Iollan sich nach ihr sehnte, rief er sie einfach bei ihrem Namen, und sie erschien getreulich irgendwo in der Ferne und ging voraus, bis er ihr über die wandelbaren Grenzen zu ihrer Welt folgte, die sich mal an der Biegung eines Waldwegs, mal am Meeresufer, mal unter der Oberfläche eines Sees auftat. Für all das Glück, das sie ihm schenkte, verlangte Fair Breast lediglich, daß er ihr treu blieb. Und das versprach Iollan.

„Ich nehme dich bei deinem Wort", sagte die Elfe. „Wenn du mich verläßt, Iollan, wirst du dein Volk nie wiedersehen."

Iollan lachte nur und schloß sie fest in seine Arme. An diesem Tag bedurfte es keiner weiteren Worte.

Aber Iollan brach sein Versprechen, als sein König Finn eine Sterbliche als Braut für ihn auswählte. Ihr Name war Tuiren; sie gehörte zur Sippe des Königs und stand seinem Herzen so nahe, daß Iollan sich für ihre Sicherheit verbürgen mußte. Er tat es und führte sie als seine Frau auf seine Burg, wo das junge Paar glückliche Tage verbrachte. An das Versprechen, das er seiner Geliebten in der anderen Welt gegeben hatte, dachte er nicht mehr; er hörte einfach auf, sie wie früher zu sich zu rufen.

Monate vergingen, bevor Iollan seine Geliebte wiedersah. Und als sie erschien, erkannte er sie nicht. Sie hatte die Gestalt einer Botin der Fianna angenommen und ritt, gestiefelt und in einen weiten Umhang gehüllt, auf einem kräftigen Pony in Iollans Burghof. Bei ihrer Ankunft eilten die Bewohner der Burg neugierig zusammen, und Iollan trat heraus, um sie zu begrüßen. Nachdem er sie höflich willkommen geheißen hatte, fragte er, was sie zu ihm führte.

„Finn entsendet Grüße und fordert dich auf, zu ihm zu kommen", erwiderte die Botin. Die Stimme, seltsam singend, klang leicht vertraut, doch Iollan dachte nicht weiter darüber nach. All seine Gedanken galten seiner jungen Frau Tuiren, die, wie er seinem Volk stolz mitgeteilt hatte, ein Kind von ihm erwartete. Darüber hinaus kannte er das Gesicht der Botin, die er schon oft in Finns Gefolge gesehen hatte.

„Ich komme", sagte Iollan.

„Und ich bringe eine Nachricht für deine Herrin", fügte die Frau hinzu. „Von dem, der sie dir anvertraut hat."

„Ich lasse sie zu dir rufen."

Iollan schickte eine Dienerin nach seiner Frau, wandte sich mit einer Verbeugung ab und begab sich zu den Ställen.

Das folgende berichtete Tuiren, Iollans junge Gemahlin. Sie fand Finns Botin im Burghof, wo sie ruhelos neben dem Pony auf und ab ging, und sie begrüßte sie freundlich. Die Botin aber bat, sie unter vier Augen zu sprechen, und Tuiren führte sie in ihre sonnendurchflutete Kemenate, eines jener hübschen Privatgemächer, die man in jenen Tagen für edle Frauen einrichtete.

Einen hohen Preis zahlte, wer leichtfertig mit magischen Fähigkeiten umging: Der irische Graf Desmond vertraute seiner Frau und wurde enttäuscht. Er mußte sie verlassen und für allezeit als Geist umherreiten.

„Und nun wiederhole mir Finns Worte", bat Tuiren, als die beiden Frauen allein waren. „Ich bin begierig zu erfahren, was mein Oheim mir zu sagen hat."

Doch die Botin starrte sie nur unverwandt und so lange an, bis Tuiren den Blick senkte; sie war eine scheue Frau. Und so konnte sie nicht sehen, wie der Umhang zurückgeschlagen wurde und eine Haselnußgerte in der Hand ihrer Besucherin erschien. Einen kurzen Moment lang hörte sie die Frau mit hoher, schriller Stimme singen. Dann drehten sich die Wände ihrer Kemenate und wuchsen unversehens in die Höhe; die Luft zischte in ihren Ohren. Tuiren wurde schwarz vor den Augen, und als sie wieder zu sich kam, sah sie als erstes die Stiefel der Frau, die Finn zu ihr geschickt hatte.

Tuiren schrie auf, und ihrem Munde entrang sich das klägliche Winseln eines verängstigten Hundes. Sie wich vor ihrer schweigenden Besucherin zurück und vernahm das Scharren von Pfoten auf dem Steinfußboden – Pfoten, die ihr selbst gehörten. Ihre Gestalt war nicht mehr die einer Frau, sondern die eines kleinen Jagdhundes.

Von oben, hoch über ihrem Kopf, ertönte die Stimme der Botin: „Versuch es ein paar Wochen lang als Hund, meine Liebe. Du wirst es aufschlußreich finden. Und hör sofort auf zu winseln, sonst bekommst du meine Peitsche zu spüren."

Sie hielt inne. „Da haben wir ja eine schöne Bescherung", fuhr sie dann fort und begann laut zu lachen. Die runden Flanken des Hundes enthüllten, was das fließende Gewand der Frau verborgen hatte.

Ohne ein weiteres Wort packte die Botin den Hund und begab sich zu ihrem Pferd. Wenig später hatte sie das Tor zu Iollans Burg hinter sich gelassen und ritt durch Felder und Wälder nach Südwesten.

Der Ritt dauerte Wochen, und Tuiren lernte alle Arten der Erniedrigung kennen. Sie mußte winseln, wenn sie abgesetzt werden wollte. Sie mußte bellen, wenn sie Fleisch bekam, das sie, umgeben von krabbelnden Ameisen, vom Boden fraß.

Tuiren stellte fest, daß sie imstande war, so schnell zu laufen wie andere Hunde, aber ihre Schwangerschaft machte es ihr unmöglich, lange mit dem Pony mitzuhalten. Außer barschen Befehlen bekam sie von ihrer Bewacherin selten ein Wort zu hören.

Schließlich gelangten sie an ein Tor. Die Botin stieg vom Pferd, setzte Tuiren auf dem Boden ab und sagte: „Hier bist du für eine Zeitlang zu Hause."

„Hier nicht", ertönte die Stimme eines Mannes. „Dies ist kein Ort für räudige Hunde; ich dulde sie nicht." Tuiren wich zurück und kauerte sich an die Beine ihrer Bewacherin. Ein leichter Stiefeltritt in die Rippen schickte sie voran.

„Diese Hündin gehört Finn, und er nennt sie seinen Liebling. Er bittet dich, Fergus, für sie zu sorgen. Zur Jagd solltest du sie aber nicht mitnehmen. Sie bekommt bald Junge."

Und so fand Tuiren, wenn auch unwillig, Aufnahme bei Fergus, einem Krieger Finns, dessen Burg an der Galway Bay lag. In den ersten Tagen schenkte der Mann ihr keinerlei Beachtung, aber sie war so zart, so scheu und brav, daß sie schließlich am Feuer liegen durfte. Es kam sogar gelegentlich vor, daß ihr neuer Herr sie streichelte.

Und was tat Iollan? Während Tuiren in der Gestalt eines Hundes in Fergus' Festung lebte und Fair Breast geduldig wartend durch ihr eigenes, wandelbares Reich schwebte, befand Iollan sich auf der Suche.

Er hatte keine andere Wahl. Als er die hoch über den Sumpfwiesen von Leinster aufragende Festung der Fianna auf ihrem Berg Allen erreicht hatte, mußte er feststellen, daß niemand nach ihm geschickt hatte. Als er in seine eigene Burg zurückkehrte, mußte er feststellen, daß Tuiren verschwunden war. Er befragte seine Leute, doch sie konnten ihm nichts sagen. Er schickte Suchtrupps aus, die

Unklug handelte, wer die Wesen der Elfenwelt betrog. Als ein irischer Krieger mit Namen Iollan seiner Geliebten eine irdische Frau vorzog, verwandelte die Elfe ihre sterbliche Rivalin in eine Hündin und brachte das Tier zu einem Mann, der Hunde haßte.

sein Land und die angrenzenden Gebiete durchkämmten, aber von seiner Frau fand sich keine Spur. So vergingen Monate, und die Nachricht von Turiens Verschwinden kam schließlich auch Finn zu Ohren.

Finn zögerte keinen Augenblick: Er befahl Iollan, Tuiren sicher und gesund zu ihrer Sippe zurückzubringen oder selbst zu erscheinen, um sein gerechtes Urteil zu empfangen. Auf Mord, dessen Tuirens Verschwinden ihn verdächtig machte, stand eine schwere Strafe. Es war möglich, daß man Iollan in einen steinbeschwerten Sack steckte und in einem Teich ertränkte oder in einem Boot ohne Segel und Ruder auf dem Meer aussetzte, so daß er elendiglich an Durst und Kälte zugrunde ging. Selbst wenn er der Todesstrafe entging, mußte er damit rechnen, geblendet zu werden.

Iollan bat sich Zeit aus, seine Frau zu finden, und der Wunsch wurde ihm gewährt. Und so trieb ihn die Suche nach Tuiren umher, doch ihr Versteck blieb unauffindbar. Eines Tages endlich, als er vermutlich nicht mehr weiter wußte – vielleicht plagte ihn aber auch ein vager Verdacht –, ließ sich der unglückliche Ehemann in seiner stillen Halle auf eine Bank sinken, stützte den Kopf in die Hände und rief den Namen seiner Geliebten aus dem Elfenreich.

Ein leichtes Rascheln ihrer Seidengewänder und ein sanfter Lufthauch, der den Duft von Apfelblüten hereintrug, begleitete Fair Breast, als sie vor ihn trat.

„Seit vielen Monaten warte ich auf deinen Ruf", sagte sie.

Ihre Stimme klang sanft, seltsam singend, und plötzlich erinnerte er sich wieder an die Vorgänge auf dem Burghof und die Botin Finns. Iollan hob den Kopf.

„Du hast meine Frau entführt", sagte er.

„Sei unbesorgt; sie befindet sich in Sicherheit, Iollan", erwiderte die Elfe. „Sie hat zwei prächtige Söhne geworfen."

Iollan sah sie verständnislos an.

„Sie ist eine Hündin, Iollan, ein kleiner Teufel von einem Jagdhund", erklärte Fair Breast geduldig.

Mit einem Wutschrei sprang der Krieger auf. Doch seine Geliebte machte ihm ungerührt klar, daß er selbst es war, der ihren Zauberworten Geltung verschaffte, als er seinen Bund mit ihr brach. Nun stellte sie ihm eine einfache Bedingung: Sie konnte Iollans Leben retten, indem sie Tuiren ihre ursprüngliche Gestalt zurückgab und sie zu Finn schickte, aber nur, wenn er seine eigene Welt verließ und ihr in die ihrige folgte, um für immer bei ihr zu bleiben.

„Und meine Söhne?"

„Oh, Iollan", gab die Elfe sanft zur Antwort, „ich wußte nicht, daß Tuiren mit ihnen schwanger ging, als ich den Zauber spann, der sie verwandelte, und ihre Namen wurden dabei nicht genannt. Sie können die Gestalt, in der sie geboren wurden, nicht ablegen." Fair Breast verzog keine Miene, als sie dies sagte, aber in ihrer Stimme schwang ein unterdrücktes Lachen mit.

Und so verschwand der Name des Kriegers Iollan aus den Annalen der Fianna. Soweit bekannt, ließ er sich in dem Zauberland der Tuatha nieder, wo er fortan unter der Herrschaft seiner Geliebten lebte. Tuiren erhielt ihre ursprüngliche Gestalt wieder, und Fergus brachte sie mitsamt den zwei Welpen, die sie geboren hatte, zu ihrem Verwandten Finn. Später verheiratete Finn sie mit einem anderen Mann, doch er behielt die beiden Hunde. Sie entwickelten sich zu seinen besten Jagdhunden und wurden berühmt für ihre Schnelligkeit und ihren Verstand, der beinahe menschlich war.

Die Geschichte von Iollans Verschwinden löste in jenen Zeiten keine Verwunderung aus. Angehörige des Elfenreichs weckten in den Menschen Verlangen, und ihre magischen Fähigkeiten machten sie um so begehrenswerter. Viele Männer und Frauen erlagen der Versuchung, durch sie zu Glück oder

Macht zu kommen, und sie bezahlten dafür, sei es mit ihrem Leben, sei es, daß sie ihre menschliche Gestalt einbüßten und als Tiere die Welt durchstreiften, sei es, daß sie spurlos verschwanden. Die Menschheit im großen und ganzen schien nie zu begreifen, daß die Wesen oder Dinge der alten Welt voller Gefahren steckten. Allzu oft prägte Leichtfertigkeit, wie bei Iollan, den Umgang mit ihnen. Es gab aber auch Geschichten, die von schlimmerem Verhalten der Menschen zeugten.

Eine solche Begebenheit ist aus der hannoverschen Stadt Hameln überliefert. Vor vielen Jahrhunderten war Hameln, aus einer alten sächsischen Siedlung an der Weser hervorgegangen, eine geschäftige Stadt, die ihren Reichtum dem Fischfang und dem Getreideanbau auf den ausgedehnten Feldern verdankte. Diese erstreckten sich bis zum Fuße des Koppelberges, der wie ein Wachturm nahe der Stadt aufragte. Das Bild der Stadt prägten hohe Mauern, die die Bürger vor Feinden schützten, eine prächtige Kirche, die zur Andacht einlud, und ein gepflasterter Marktplatz mit einem Brunnen, an dem sich des Morgens die Frauen einfanden und schwatzten, während sie Wäsche wuschen und Wasser für ihre Familien holten.

Zugleich litt Hameln jedoch an einem Übel, das keine Stadt des Mittelalters verschonte: *Rattus rattus*, die schwarze Ratte. Die Plagegeister, die man „des Teufels Schoßhündchen" nannte, lebten von den Korn-, Fisch- und Fleischvorräten der Menschen, und das so gut, daß ihnen die langen Zähne sicherlich durch die Kiefer gewachsen wären, wenn sie nicht an den Hauswänden genagt und sie auf diese Weise abgewetzt hätten. Behaglich hausten sie unter Dachüberhängen, in Wänden und Kellern und brachten in kurzen Abständen eine stattliche Anzahl Jungen hervor. Die Katzen konnten ihrer Übermacht nicht Herr werden, und gegen die wenigen Gifte, die es damals gab, entwickelten die Ratten schnell Abwehrkräfte. Intelligent, wie sie waren, lernten sie zudem die aufgestellten Fallen meiden. Sie auszurotten war unmöglich, und so fanden sich die Bürger notgedrungen mit ihnen ab, ohnmächtig grollend, wenn ihre Vorräte gestohlen und ihre Kinder gebissen wurden.

Die Wende kam an einem Junitag vor siebenhundert Jahren. Ein Fremder tauchte in Hameln auf, ein stattlicher, fröhlicher Mann, in den buntscheckigen Rock eines Narren oder Spielmanns gekleidet. Auf dem Marktplatz fand sich schnell eine kleine Menge ein, die neugierig durcheinanderschwatzte: Einen Fremden bekam man damals nur sehr selten zu sehen. Der Ankömmling bat um Wasser und erhielt es. Er bat um Brot, und er erhielt es ebenfalls.

Schließlich forderte ein Ratsherr der Stadt die Menschen auf, sich zu zerstreuen und an ihre Arbeit zurückzukehren. „Für Fremde haben wir hier wenig übrig", sagte er dann. „Wie willst du für die Wegzehrung zahlen, die wir dir gegeben haben?"

Der Fremde lächelte nur und zog aus einer Tasche eine Schalmei hervor, ein Rohrblasinstrument wie die spätere Oboe. „Ich spiele Euch zum Dank ein Lied, Gevatter", antwortete er. Er hob das zierliche Instrument an die Lippen und blies eine Melodie von solcher Reinheit und Anmut, daß alle, die sie hörten, die Arbeit liegenließen, lauschten und lächelten. Solange er spielte, sprach niemand ein Wort.

Als er geendet hatte, fragte der Ratsherr in freundlicherem Ton, denn auch ihn hatte das Lied auf seltsame Weise angerührt: „Was kannst du sonst noch?"

„Diese Flöte beherrscht viele Melodien", erwiderte der Pfeifer. „Sie tut immer das, um was ich sie bitte."

Das war Zauberei. Der Ratsherr rief die Bürger zusammen, und sie beratschlagten

Sämtliche Ratten von Hameln kamen hervor und folgten den Tönen einer Zauberflöte, die sie ins Verderben führte. Als die Bürger der Stadt dem Pfeifer den Preis nicht zahlen wollten, den sie mit ihm vereinbart hatten, spielte er eine andere tödliche Melodie.

NEary

sich am Brunnen. Währenddessen warf der Pfeifer einen Blick in die gewundenen Gassen, die vom Marktplatz fortführten. Schließlich wurde er des Geflüsters seiner Gastgeber überdrüssig, und sagte: „Wenn Ihr wollt, kann ich mit meiner Flöte den Ort von Ratten befreien. Aber es kostet einen Preis."

„Wie hoch ist der Preis?" fragte der Ratsherr und hob die Brauen.

„Dreißig Gulden wären mir wohl recht. Ich habe oft Verwendung für das Gold der Sterblichen."

Und so wurden die Bürger mit ihm einig. Sie traten zurück und sahen den Pfeifer erwartungsvoll an, doch der lächelte nur. „Bedenkt, daß Ihr einen Vertrag mit mir geschlossen habt. Ihr habt die Regeln angenommen, die ich Euch stellte. Und denkt daran, daß meine Flöte viele Melodien beherrscht", erklärte er. Dann lüpfte er seine Mütze und schritt über den Marktplatz und durch das Tor zur Stadt hinaus.

Am nächsten Morgen war er wieder da, und die Töne seiner Flöte rissen die Bürger aus dem Schlaf. In allen Häusern flogen die Fensterläden auf, und die Menschen sahen hinaus, sahen dem Pfeifer nach, der durch die Straßen zog und zu der Melodie, die er spielte, wundersam tanzend von einem Fuß auf den anderen sprang. In jeder Gasse, die er betrat, strömten die Ratten herbei, um ihm zu folgen. Sie stürzten aus Fenstern und Mauerspalten hervor und krochen aus ihren Nestern in den Bäumen.

Bald sah man im Gefolge des Pfeifers einen gewaltigen Strom durcheinanderwieselnder, pelziger Tierchen. Ihre Zahl war so unermeßlich, daß die Tausenden und Abertausenden von hastenden rosa Pfoten auf den Pflastersteinen der Straßen ein sirrendes Geräusch verbreiteten.

Als der Pfeifer alle Ratten der Stadt hervorgelockt hatte, führte er sie an das Weserufer und watete in das Wasser, während er ununterbrochen auf der Flöte blies. Die Ratten folgten. Scharenweise stürzten sie sich – eine schier endlose Masse wimmelnder schwarzbrauner Leiber – über das Ufer und paddelten dem Pfeifer nach, der immer tiefer in die Fluten schritt.

Es folgte ein stundenlanges Sterben. Von den Tönen der Flöte gebannt, konnten die Ratten nicht ans rettende Ufer zurückschwimmen, und so strampelten sie hilflos in ihrem vergeblichen Kampf gegen die Strömung und gegen einander. Die Hamelner Bürger kamen johlend und lachend ans Ufer gelaufen und warfen den um ihr Leben schwimmenden Tieren Steine nach.

Als sich nichts mehr regte und die Strömung nur noch kleine Kadaver umherwirbelte, ließ der Pfeifer sein Instrument sinken. Er watete aus dem Fluß. Seine Kleider waren vollkommen trocken.

Dann wandte er sich an den Ratsherrn: „Die Aufgabe ist vollbracht, Herr. Gebt mir nun meinen versprochenen Lohn, so daß ich weiterziehen kann."

Aber der Ratsherr machte Ausflüchte und begann zu handeln. Dreißig Gulden seien zuviel, erklärte er, und er bot ihm zehn.

Der Pfeifer hörte ihn bis zu Ende an und erwiderte: „Brich nicht den Vertrag, Sterblicher. Denk daran, daß du meinen Regeln zugestimmt hast. Wie ich dir sagte, beherrscht meine Flöte viele Melodien."

Der Ratsherr jedoch schüttelte den Kopf und sah ruhig zu, wie die anderen sich schulterzuckend abwandten. Der Pfeifer drehte sich brüsk um und verließ die Stadt auf einem Weg, der in die umliegenden Felder führte. Bald verschwand seine rote Mütze zwischen dem hochstehenden Getreide.

Bei Anbruch des nächsten Tages kehrte er zurück. Der Klang seiner Flöte eilte ihm voraus und schwebte über die Felder durch das Stadttor, über den Marktplatz durch die schmalen Gassen bis in jedes der schiefen Fachwerkhäuser. Wo immer die Melodie erklang, da erstarrten die Erwachsenen wie Statuen – im Schlaf in ihren Betten oder bei der Arbeit an ihren Herdfeuern.

Anders die Kinder. Aus Bettchen, von Strohlagern und Stühlchen erhoben sich die Kleinen und liefen der Musik nach auf die Straßen. Es kamen Kinder aller Altersstufen, von den Einjährigen, die gerade krabbeln konnten, bis zu den Knaben, bei denen eben der Stimmbruch eingesetzt hatte. In Nachthemdchen und Röckchen gekleidet, drängten sie sich schweigend auf die Straßen, um blindlings dem Lied zu folgen. Des Pfeifers Melodien schwebten jubilierend durch die Luft, und hinter ihm begannen die Kinder zu laufen und durch die Stadt und das große Tor zu hasten. Das war das letzte, was man von dem Pfeifer und den meisten der Kinder Hamelns sah. Von den Kleinen der Stadt verschwanden an diesem Tag 130.

Einige Tage später wurden außerhalb der Stadtmauern zwei Kinder entdeckt, blutüberströmt und unfähig, zusammenhängend zu sprechen. Eins von ihnen war geblendet, das andere wie von Sinnen. Der blinde Knabe berichtete, der Fremde habe sie durch die Felder auf einen Weg geleitet, der über den Koppelberg führte. Im Berg habe sich plötzlich ein Tor aufgetan, durch das die anderen Kinder dem Pfeifer gefolgt seien. Er selbst habe nicht mit ihnen Schritt halten können. Eine Dornenhecke, so hoch wie ein Berg, habe ihn umschlossen, und was danach geschehen sei, wisse er nicht.

Als er später erwachte, lag er auf der Straße, und neben ihm lag wimmernd ein anderes Kind. Er habe sich an der Flanke des Berges entlanggetastet und nach der Öffnung, die sich dort befunden hatte, gesucht, aber es war kein Tor mehr da; es sollte auch später nie eines gefunden werden.

Die Bürger von Hameln vergaßen das Unglück nie. Jahrhundertelang datierten sich die Ereignisse in ihrer Stadt nach dem Tag, an dem ihre Kinder verschwanden. Als ein neues Stadttor errichtet wurde, meißelten sie eine Inschrift in den Stein: *Centum ter denos cum magus ab urbe puellos duxerat ante annos CCLXXII condita porta fuit* – „Dieses Tor wurde 272 Jahre nach dem Tage erbaut, an dem der Zauberer 130 Kinder aus der Stadt führte".

Wie von einem Zwang besessen, gaben sie die Geschichte von Generation zu Generation weiter und erinnerten ihre Kinder und Kindeskinder an die Torheit ihrer Vorfahren und das Leid, das sie über die Stadt gebracht hatte. Wer es wagte, mit den Wesen der archaischen Welt einen Handel einzugehen, so sagten sie, mußte die Regeln befolgen, die jene aufstellten. Sicherheit gab es nur, wenn der Mensch sich strikt an die Gegebenheiten des Zaubers hielt, so wie sich ihm diese Gegebenheiten darboten.

Und um sicherzugehen, daß Kinder und Kindeskinder das Unglück niemals vergaßen, das der Stadt widerfahren war, ersannen die Bürger von Hameln ein nachdenklich stimmendes Andenken an den Pfeifer und seine Macht: Seitdem backen die Bäcker Hamelns aus Brotteig geformte Ratten.

Hundert Jahre Schlaf

Nur wenige Menschen waren in der Lage, die magischen Kräfte zu verstehen, die einst frei in der Welt wirkten, und so konnten sich die Sterblichen ihnen auch nicht widersetzen. Die Wesen, die über diese Kräfte verfügten, brauchten nur einige Worte zu sprechen, um eine Kette von Ereignissen in Gang zu setzen, die unerbittlich Schritt für Schritt eintraten, bis sich der Plan vollendet hatte. Eine Geschichte aus Frankreich zeigt die Unabwendbarkeit der Ereignisse, ausgelöst durch einen Fluch.

In der welligen grünen Landschaft Burgunds lebten einst ein Fürst und seine Gemahlin. Sie waren Vetter und Base, Abkömmlinge einer ehrwürdigen Familie, und ihr Glück hätte vollkommen sein können, denn das Land, das sie regierten, war fruchtbar.

Aber etwas trübte ihr Glück: Der Fürst und die Fürstin waren kinderlos. Zu Beginn ihrer Ehe hatte sich niemand darüber Gedanken gemacht, doch die Jahre verstrichen, und allmählich begannen die Menschen an dem kleinen Hof in den Gängen miteinander zu tuscheln und Kammerzofen und Wäscherinnen mit Fragen zu bestürmen. Der Fürst und die Fürstin ignorierten das Gerede, wenn sie es überhaupt bemerkten; er behandelte seinen Hofstaat vielleicht etwas hochtrabender, doch sie blieb gütig und heiter wie eh und je. Und dann kam der Tag, an dem das Fürstenpaar, obwohl in fortgeschrittenem Alter, mitteilen konnte, daß die Herrin ein Kind erwartete.

Der Tag der Geburt des Kindes – einer Tochter und zukünftigen Erbin eines beträchtlichen Vermögens – wurde im ganzen Land gefeiert. Die Bauern zündeten auf Feldern und in Dörfern Freudenfeuer an, die die Nacht hindurch loderten. Im Palast fand ein großes Fest statt, und die Hallen erstrahlten im Glanz der Kerzen.

I.R.

Aber an dem Tag, an dem das Kind seinen Namen erhielt, senkte sich ein Schatten des Bösen über den Hof. Im Gefolge des Fürsten befanden sich nämlich einige weise Frauen, denen geheimnisvolle Kräfte nachgesagt wurden. Man raunte, daß in ihren Adern das Blut von Feen floß, und das mag durchaus der Fall gewesen sein, denn Feen pflegten damals freieren Umgang mit Menschen.

Jedenfalls war es das Recht dieser Frauen, an dem Namensfest teilzunehmen, und sie alle kamen. Und eine von ihnen verfluchte das Kind – aus Gründen, die man nie erfahren hat. Drohend stand sie an der Wiege und stieß die Worte hervor: „Dieses Kind soll sterben, bevor es zur Frau wird. Es wird sich den Finger an einer Spindel stechen und an der Verletzung sterben."

Die Musik verstummte, und Entsetzen erfaßte die Anwesenden. Die Amme des Kindes beugte sich schützend über die Wiege und drängte die Sprecherin zurück. Doch inmitten der Aufregung ertönte eine andere Stimme, die sanft sagte: „Ich kann diesen Fluch nicht rückgängig machen, Schwester, aber ich kann die Form ändern. Dieses Mädchen wird nicht sterben. Es wird hundert Jahre schlafen, und wenn es erwacht, wird es zur Frau werden."

Der Fürst und seine Gemahlin taten alles, um das Kind zu schützen. Sie befahlen, sämtliche Spinnrocken und Spindeln aus dem Palast zu entfernen, und verboten ihrer Tochter, den Hof zu verlassen. So verbrachte sie ihre Mädchenjahre in ihrem prachtvollen Gefängnis, und nie sah sie, wie Flachs oder Wolle gesponnen wurde.

Aber in jedem großen Haus gibt es Räume, an die niemand mehr denkt. Als das Mädchen etwa fünfzehn Jahre zählte, sah man es häufig rastlos durch die Hallen wandern. Eines Tages kam es zu einer staubigen Turmkammer. In einer Wandnische der Kammer saß ein altes Weib. In einer Hand hielt die Alte einen Spinnrocken voller Flachs; mit der anderen zog sie Fasern heraus und wickelte sie auf eine Spindel.

Das Mädchen trat neugierig näher. Wortlos stand die Alte auf und reichte ihm Rokken und Spindel. Der Finger der Fürstentochter berührte die Spitze der Spindel. Sie wankte und sank lautlos zu Boden. Die Alte kicherte leise und verschwand.

Einige Stunden später wurde das Mädchen gefunden, rosig wie das blühende Leben, aber reglos, als wäre es tot. Als man ihm einen Spiegel vor die Lippen hielt, zeigte sich kaum ein Hauch. Es wurde auf sein Zimmer getragen. Die untröstlichen Eltern

mauern brachen grüne Triebe hervor und wuchsen gen Himmel. Aus ihnen entwikkelten sich zarte Ranken, die an den Steinen hochkletterten und bald das Ende der Mauern erreicht hatten. Dort verdickten sich die Ranken und trieben Blüten. Bald umgab die Burg ein Dickicht aus Rosen und Dornen. In wenigen Stunden hatte der Zauber sein Werk getan, und von dem Palast war nichts mehr zu sehen bis auf die vergoldeten Türmchen, die durch die Hecke schimmerten.

Hundert Jahre vergingen, und nichts störte die Ruhe in der von Rosen überrankten Burg. Rundum verwilderte das Land. Die Dörfler packten ihre Habe auf Karren und verließen die verwunschene Gegend. Die Trauben vertrockneten an den Rebstöcken und das Korn verdarb auf den Feldern. Die Bäume erkrankten, und Dürre und Öde bemächtigten sich des menschenleeren Reichs. Hin und wieder kamen Schäfer mit ihren Herden vorbei, die jedoch rasch weiterzogen.

Während die hundert Jahre vergingen, verirrten sich gelegentlich Abenteurer in die trostlose Einöde, die die Türme hinter der Hecke entdeckten. Und sie versuchten, die Dornenwand zu überwinden und sich mit Axt und Schwert einen Weg durch das Gestrüpp zu bahnen. Aber die Rosen verdankten ihre Kraft einem Zauber und hielten allen Versuchen, sie zu durchdringen, stand. Mehr als das: Sie streckten ihre Arme, die sich wanden und vorschnellten wie Schlangen, nach den Eindringlingen aus, sie ergriffen sie mit dornigen Fingern, umschlossen ihren Hals und zerrten an ihren Gliedern. Wenn sie sie fest in ihrer Gewalt hatten, zogen sie sie ins Innere der lebenden Hecke, und die Abenteurer gingen elend zugrunde – eine Warnung für jeden, der es mit dem Dickicht aufnehmen wollte.

Dann erschien einer, dem es besser erging. Das Mai hatte gerade begonnen, als ein junger Mann – fraglos der Richtige im Sinne des Zaubers – stolz über die verödeten

RI

Felder geritten kam. Als er die Dornenhecke sah, stieg er vom Pferd, um sie näher zu untersuchen. Er zog sein Schwert und berührte einen Zweig. Da erblühten die Rosen, und das Dornengestrüpp öffnete die Arme und gab den Weg ins Innere frei.

Er betrat den schattigen Hof und durchschritt die dunklen Hallen, in denen die Schlafenden lagen, bis er schließlich die Kammer des Mädchens fand. Er trat an das Bett, auf dem die Schöne lag, und küßte sie. Da schlug sie die Augen auf und betrachtete lächelnd den Fremden, der alsbald ihr Mann werden sollte.

Und als sie lächelte, hallten Glockenklänge durch die Gänge. Der Fürst und die Fürstin erwachten, die Höflinge in den Hallen regten sich und rieben sich die Augen. In der Küche loderten Feuer empor. Hunde bellten, und Katzen gähnten und reckten ihre Glieder. Genau hundert Jahre waren seit dem Zauberspruch vergangen, und seine Bedingungen hatten sich erfüllt.

Kapitel Drei

Erlösung aus magischen Banden

Einst erzählte man sich in Wales Geschichten über den Brunnen am Ende der Welt, eine Quelle, deren Wasser Leben spendete, wenngleich nicht unbedingt in der Art und Weise, wie es der Suchende vielleicht erwartete. Der Brunnen selbst hatte keinen festen Ort. Wie vieles in der Welt des Wunderbaren tauchte er unerwartet vor dem Wanderer auf, irgendwo abseits der Wege – in einer Höhle in den kalten Höhen von Snowdonia beispielsweise oder in einem versteckten Dickicht im Wald Radnor, wie man hörte. Andere behaupteten, daß der Brunnen an den Klippen der Küste zu suchen sei. Und schließlich gab es eine Familie, die von Generation zu Generation die Geschichte einer Ahnin weitererzählte, welche den Brunnen in dem grünen, friedlichen Tywi-Tal in Südwales entdeckt hatte.

Jene Entdeckerin war die Tochter eines mächtigen Landesherrn, der von den Leuten ehrfürchtig Fürst genannt wurde. Sie war sein einziges Kind, wild und eigensinnig, und ihr widerfuhr das Abenteuer, als sie eines Tages ihrer Dienerschaft entwischte und allein durch die Gegend um den Palast ihres Vaters streifte. Ziellos wanderte sie das Ufer eines schmalen Flusses entlang, der sich durch das Land und die goldenen Kornfelder schlängelte. Von den Arbeitern auf den Feldern unentdeckt, schlenderte sie flußaufwärts in Richtung auf einen Wald. Die Stimmen der Männer und das rhythmische Sirren ihrer Sensen verklangen, und sie betrat den schattigen Ort. Das Bett des Flusses – inzwischen nur noch ein glucksendes Bächlein – bildete einen steinigen Pfad durch die Bäume.

Sie folgte ihm bis zu der Stelle, an der das Wasser dem Waldboden entsprang. Hier blieb die Prinzessin stehen. Der Wald hatte sich verdichtet und verbreitete ungewöhnliches Dunkel; um sie herum drängten sich Bäume, deren hängende Äste sich dem Wasser zuneigten. Es herrschte völlige Stille; nur die Blätter raschelten leise, und das Bächlein plätscherte sanft zwischen den Steinen. Sogar die Luft schien stillzustehen.

Die Prinzessin kniete neben der Quelle nieder. Von einer Kette, die sie um die Hüfte trug, löste sie eine *pomander* genannte Goldkugel – ein kleines Schmuckstück, in dem die Damen jener Zeit duftende Kräuter verwahrten. Spielerisch ließ sie den hübschen Gegenstand eine Weile in den Händen hin und her rollen; dann hielt sie ihn über die Quelle, um sich an den Reflexen des Wassers auf der glänzenden Oberfläche zu erfreuen.

Aber ihre Hand war naß. Die Kugel entglitt ihren Fingern und trieb einen Augenblick goldglänzend auf dem Wasser, bevor sie glucksend in die Tiefe sank. Schnell streckte die Prinzessin die Hand nach ihr aus, aber es war zu spät. In dem eisigen Wasser griffen ihre Finger ins Leere.

Sie beugte sich über die Quelle, biß sich auf die Lippen und starrte hinab. Die Goldkugel, Zierde einer Frau, nicht eines Mädchens, hatte sie geschenkt bekommen zum

Zeichen, daß sie ihre Kinderjahre hinter sich gelassen hatte. Durch das dunkle Wasser drang kein Goldschimmer zu ihr herauf, und auf der Oberfläche spiegelte sich nur ihr eigenes, von Schatten umspieltes Gesicht.

Ein Zittern lief über das Wasser, und ihr Spiegelbild zerbrach in unzählige Teile. Ganz in ihrer Nähe ertönte eine leise, kehlige Stimme. „Möchtest du dein Schmuckstück wiederhaben, Prinzessin?" fragte sie.

Die Prinzessin setzte sich auf die Fersen und sah sich um, aber es war niemand da. Die Bäume warteten schweigend. An den Steinen, die die Quelle einfaßten, kräuselte sich leise das Wasser.

„Sprich noch einmal", bat die Prinzessin.

Aus dem Wasser tauchte ein Kopf auf, und ihm folgte ein Frosch, der mit einem kraftvollen Satz emporschnellte und auf die Steine neben der Quelle sprang. Triefend blickte er sie mit seinem grotesken, breiten, lippenlosen Froschgrinsen an. Seine schlammfarbenen Augen quollen aus dem uralt wirkenden, gefleckten Gesicht. Die Prinzessin raffte ihre Röcke, damit sie keinen Schaden nähmen, aber sie wich nicht zurück.

Die runden Flanken blähten sich auf, und das kleine Tier sprach. „Vergib meine Unhöflichkeit, Prinzessin", sagte es. „Meine Gestalt läßt nicht zu, daß ich mich verneige."

„Wer bist du?" fragte die Prinzessin.

„Ein Frosch, wie du siehst. Ich bin der Hüter des Brunnens am Ende der Welt, in dem deine goldene Kugel liegt."

„Kannst du mir die Kugel beschaffen?"

„Ich kann dir die Kugel zurückgeben, ja. Ich bin kein Diener, der etwas beschafft. Doch ich verlange einen Preis."

„Und welches ist der Preis?" erkundigte sich die Prinzessin. Sie wußte aus Erzählungen, daß Tiere auf wundersame Weise sprechen konnten. Dennoch fiel es ihr schwer, beim Anblick des häßlichen kleinen Wesens nicht zu lachen.

„Nun, der Preis ist, daß du mich mit dir nimmst und mir mit eigener Hand zu essen gibst und mich in deinem Bett neben dir schlafen läßt. Und dann noch etwas, was ich jetzt nicht sagen kann."

„Gut, ich will dich belohnen, wenn du mir meine Kugel bringst", erklärte die Prinzessin.

Ohne ein weiteres Wort zu sagen, sprang der Frosch ins Wasser und verschwand in einem Ring aufsteigender Bläschen. Als er wieder auftauchte, umschlossen seine breiten Lippen die glänzende Kugel.

Die Prinzessin nahm dem Frosch das Schmuckstück ab, und dabei berührten ihre Finger den glitschigen, kalten Kopf. Sie schauderte und stand auf.

„Hab Dank, Frosch", meinte sie, und der Ekel war ihrem Gesicht deutlich abzulesen. Sie drehte sich um und eilte davon, den Fluß entlang dem väterlichen Haus entgegen.

Hinter ihr sprang der Frosch aus seinem Brunnen und folgte der Prinzessin. Der Weg war lang und führte ihn, obwohl er sich dicht am Wasser hielt, über Steine und durch Schilfdickichte, die er mal hüpfend, mal mühsam kriechend überwand.

Die Prinzessin hingegen lief eilends durch die Felder und kehrte ungesehen in die väterliche Burg zurück. Dort herrschte ein geschäftiges Durcheinander; Wagen drängte sich an Wagen, und die Rufe der Männer hallten über den Hof. Die Leute brachten die Ernte ein, und niemand hatte die Abwesenheit der Prinzessin bemerkt.

Doch noch am gleichen Abend, als die Prinzessin mit ihrem Vater in dessen Kammer über der Halle saß, geschah etwas, das ihr Geheimnis an den Tag brachte. Die langen Tische in der Bankettthalle bogen sich unter den Speisen für die Leute ihres Vaters, die – Soldaten und Dienerschaft Seite an Seite – lärmend das Einbringen der Ernte feierten. In der kleinen Kammer dagegen ging es ruhig zu. Die Wandteppiche dämpften die Stimmen, die von unten heraufdrangen, und Vater und Tochter aßen ungestört.

Sie waren mitten im Mahl, als irgendwo zu Füßen des Fürsten eine leise Stimme erklang. „Herr, hört mich an", sagte sie.

Der Fürst sah sich um und entdeckte schließlich den Frosch, der zwischen den Binsen am Boden kauerte. Er war ein weiser Mann, und er wußte von den Wesen, die ungesehen in Wales lebten. Also antwortete er höflich: „Ich höre."

„Wasser, Herr", bat der Frosch. Der Fürst hob ihn vorsichtig vom Boden auf und setzte ihn in eine silberne Schale, die zum Händewaschen auf dem Tisch bereitstand. Mit einem Seufzer glitt der Frosch ins Wasser. Von seinem trockenen Rücken lösten sich verkrustete Erdbröckchen und Gräser, und er schloß die Augen. Nach einer Weile konnte er weitersprechen, und er erzählte, wie die Prinzessin ihn gefunden, wie er ihr geholfen und was sie ihm versprochen hatte.

Als der Frosch geendet hatte, wandte sich der Fürst strenger, als sie ihn je hatte sprechen hören, an seine Tochter: „Ist das wahr, Tochter? Du hast dein Wort gegeben?"

Die Prinzessin zuckte ungeduldig mit den Achseln. „Ich sagte, daß ich ihn belohnen würde. Aber dies ist ein Tier, von niedrigerem Rang als ein Sklave."

„Das bewahrt dich nicht davor, den Preis zu zahlen." Und unter den unnachsichtigen Blicken ihres Vaters mußte die Prinzessin Brot in kleine Stückchen brechen und dem Frosch zu essen geben. Sie tat es widerwillig, indem sie jedesmal den Kopf abwandte, wenn die lange Zunge des Tieres hervorschnellte, um ein Bröckchen zu nehmen.

Nach dem Essen gab der Fürst ihr ein weiteres Zeichen, und gehorsam nahm sie den Frosch mit sich die Treppe hinauf, die von dem Gemach ihres Vaters in die Turmkammer führte, in der sie schlief. Mit Daumen und Zeigefinger ergriff sie ein kaltes Hinterbein und trug den Frosch hinauf, der unglücklich nach Luft schnappte und sich mit klebrigen Zehen an ihrem Handgelenk festzuklammern versuchte. In ihrem Zimmer angekommen, warf sie ihn auf das Fußende ihres Bettes. Dann legte sie sich nieder und wickelte sich fest in ihre Decke. Zu später Nachtstunde jedoch kam der Frosch über das Bett gekrochen und schmiegte sich an ihre Seite. Sie fühlte seinen schnellen Herzschlag unter den feuchten Flanken und lag steif vor Abscheu, bevor sie endlich einschlafen konnte.

Als der Morgen kam, war der Frosch noch immer da. Er war auf die Dekke gekrochen, die über ihren Schultern lag, und dort verweilte er bewegungslos, während er sie mit seinem festgefrorenen Froschgrinsen betrachtete.

„Prinzessin", stieß er hervor, als er sah, daß sie erwacht war. „Du hast mir von deiner Hand zu essen gegeben, und du hast mich mit deinem Leib erwärmt. Nun bleibt noch eine Aufgabe. Wenn sie getan ist, sind die Bedingungen, die ich dir stellte, erfüllt."

„Was muß ich tun?" erkundigte sich die Prinzessin widerstrebend.

„Schlag mir den Kopf ab und befreie mich von diesem Leben."

Sie schauderte bei diesen Worten, aber sie nahm ihren Mut zusammen und erhob sich.

Zitternd stand sie in der morgendlichen Kälte und sah zu, wie der Frosch an die Bettkante kroch, sich schwer auf den Boden fallen ließ und ausgestreckt und ergeben den Todesstoß erwartete. Er blieb stumm, und nur seine Beine zuckten krampfartig, als die Prinzessin ihm den Dolch, der neben ihrem Bett lag, in den Nacken stieß. Es schien eine gräßliche Ewigkeit zu dauern, bis es ihr gelang, den Kopf des Frosches von seinem Leib zu trennen. Seltsamerweise floß kein Blut aus der Wunde. Als die Prinzessin die letzte Sehne durchtrennte, breitete sich die Haut des Frosches auf dem Boden aus. Sie war

leer. Innerhalb weniger Sekunden schrumpfte und trocknete sie zu einer pergamentähnlichen Substanz und zerfiel zu Staub.

Hinter ihr erklang ein leises Lachen, und sie fuhr herum. Am Fenster lehnte gelassen ein hochgewachsener, junger Mann, der mit seinem Surcot aus Samt und seinem pelzbesetzten Mantel wie ein Fürst gekleidet war. Ein goldener Reif schmückte sein schwarzes Haar. Er lächelte ihr zu.

„Vielen Dank, Prinzessin", sagte er. „Es war ein trostloses, einsames Leben." Mit diesen Worten legte er ihr seinen Mantel um die Schultern, nahm sie behutsam bei der Hand und geleitete sie die Treppe hinab in das Gemach ihres Vaters.

Auf diese Weise, so berichteten ihre Nachkommen, erfüllte die walisische Prinzessin die Bedingungen einer Verwünschung und erlöste einen Königssohn aus der Verzauberung, die ihn zu der Gestalt eines Tieres verdammt und als Hüter an den Brunnen am Ende der Welt gefesselt hatte. Wer ihn verwünschte, verschwieg die Familiengeschichte, nicht aber das Ende: Der Königssohn nahm die Prinzessin zur Frau.

Die Welt, in der die Prinzessin lebte, war mit magischen Vorgängen noch wohlvertraut. Den Blicken der Menschen entzogen, hatten viele zauberkundige Wesen überlebt. Die Unsichtbarkeit war ihre letzte Zuflucht. Sie beobachteten die Männer und Frauen, die nun die Länder beherrschten, in denen sie selbst einst frei umherwandelten, mit aufmerksamen Augen und – wie es schien – voller Feindseligkeit.

Die Art ihrer Zauberkunst hatte sich nicht verändert. Wie eh und je beschworene sie Freud und Leid; immer noch schufen sie mit ihrem Bann Bedingungen, die erfüllt werden mußten, bevor sich der Zauber löste. Aber mehr denn je zuvor bedienten sie sich ihrer wundersamen Kräfte, um den Charakter der Menschheit auf die Probe zu stellen. Es war die letzte Herausforderung, mit der die alte der neuen Welt begegnete – das letzte Schlachtfeld. Manchmal ging es um die Ehre, wie in der Geschichte von dem Froschkönig und der Prinzessin. Dann wieder handelte es sich um Herausforderungen an den menschlichen Verstand oder an die Ritterlichkeit oder einfach an den Edelmut des Menschen. Und gelegentlich mußten die Sterblichen, indem sie äußerste Gefahren bestanden, beweisen, daß sie über die Tugenden verfügten, die in jener gefahrvollen Zeit mehr als alle anderen zählten: Mut und Loyalität.

Die Mehrzahl der Berichte über derart bedrohliche Begegnungen mit der Welt der Magie bezeugte und verherrlichte die Tapferkeit von Königen und ihren Kämpfern. Vom Hofe des englischen Königs Artus stammen unzählige solcher Geschichten: Seine Ritter durchstreiften die Welt auf der Suche nach Abenteuern, in denen sie ihre Heldenhaftigkeit beweisen konnten. Eines Tages etwa gelangte der Artusritter Gawain zu einer Festung, die man die Wunderburg nannte. Seit langem diente sie als Verlies, in dem schutzlose Sterbliche ihr Leben fristeten: Mädchen, die ihre Eltern, und Witwen, die ihren Besitz verloren hatten. Nur ein Ritter ohnegleichen, so sagte man, konnte die Gefangenen befreien. Fünfhundert Bogen verteidigten die Burg und schossen auf jeden, der sich den Mauern näherte, und ein gewaltiger Löwe riß jeden in Stücke, der den Pfeilen entging. Gawain trotzte den Pfeilen und köpfte den Löwen und erlöste die Sterblichen aus ihrer Gefangenschaft.

Geraume Zeit später wurde Gingalin, Gawains Sohn, ausgeschickt, um eine walisische Königstochter zu befreien, die Zauberer in einen Drachen verwandelt hatten. In dieser Gestalt wurde sie in Senaudon festgehalten, einer gleichfalls verwunschenen Stadt, in der kein Leben mehr gedieh. Gingalin fand den Ort. Er ritt allein durch das verwahrloste Tor

Durch ihr Wort gebunden, nahm die Prinzessin, wenn auch widerstrebend, einen Frosch zu sich ins Bett. Damit erfüllte sie die Bedingungen eines Zauberspruchs und gab dem Frosch seine menschliche Gestalt zurück.

und die verlassenen Straßen. Als er den Palast der Stadt erreichte und die Halle betrat, flogen ihm von unsichtbarer Hand geschleuderte Äxte entgegen, und ein Ritter auf einem feuerspeienden Roß griff ihn an. Gingalin wehrte die Äxte ab und blieb unversehrt. Als nächstes erschlug er den Ritter. Er fand den Drachen und gab ihm den erlösenden Kuß und brach damit den Bann, der auf der Stadt und der Königin lag.

Solche Erzählungen feierten die Großtaten tapferer Ritter. Überliefert wurden aber auch viele Berichte über die unauffälligeren Taten bescheidenerer Menschen, einfacher Leute, die nicht auszogen, um die magischen Kräfte der archaischen Welt zu bekämpfen, sondern sich unfreiwillig mit ihr konfrontiert sahen. Unter ihnen gibt es eine Geschichte, in der die menschlichen Helden keine Ritter, sondern eine Kaufmannstochter und ihre Brüder sind.

Die Geschichte begann in Paris zu jener weit zurückliegenden Zeit, da die Kühe der Stadt noch auf Weiden auf der Île Saint-Louis getrieben wurden und Häuser von Goldschmieden und Geldverleihern, Weinhändlern und Kaufleuten die Brücken säumten, welche die Seine überspannten.

Auf einer dieser Brücken, dem Pont Notre Dame, lebte in einem hübschen Fachwerkhaus, an dessen Wänden die Reflexe des vorbeirauschenden Wassers spielten, ein wohlhabender *marchand de l'eau*, ein Flußkaufmann, dessen Kähne, mit Getreide, Salz und Wein beladen, regelmäßig auf der Seine verkehrten. Der Kaufmann hatte zwei Söhne sowie eine Tochter mit Namen Isabelle. Sie war jung und mit allen Reizen ausgestattet, die die Gesellschaft damals sehr bewunderte: Klein und schmal wie ein Kind, hatte sie die samtene Haut eines Kindes und eine hohe, gewölbte Stirn. Wie eine zarte Blume wirkte sie in den langen, schleppenden Gewändern und gefältelten Leinenhauben, die die Frauen ihrer Zeit trugen; dessen ungeachtet führte Isabelle, deren Mutter gestorben war, seit ihrer Kindheit den Haushalt ihres Vaters und beaufsichtigte dessen Dienerschaft. Sie war durchaus gewohnt zu befehlen.

Es war nur natürlich, daß die Tochter des Flußkaufmanns Verehrer in den Kreisen ihres Vaters fand. Weniger natürlich war, daß sich ein Edelmann für sie interessierte, denn Herzöge und Grafen, deren prächtige Stadtpaläste das Ufer säumten, pflegten sich in höheren Gesellschaftskreisen nach einer passenden Frau umzusehen, und nicht im Bürgertum. Aber genau das war der Fall, und eines späten Oktobernachmittags wurde Isabelle in die Kammer ihres Vaters gerufen, um ihrem edlen Bewerber vorgestellt zu werden.

Sie blieb an der Türschwelle stehen, um den Mann zu betrachten, der sich mit ihrem Vater und ihren Brüdern unterhielt. Er war groß von Gestalt und wirkte so beherrschend, daß die anderen neben ihm wie Zwerge schienen. Ja, der ganze getäfelte Raum wirkte plötzlich kleiner. Dunkles Haar umgab ein auffallend weißes Gesicht; schwere Lider bedeckten die Augen, und von den Nasenflügeln zu den Mundwinkeln führten zwei tiefe Furchen, die in einem tiefschwarzen, bläulich schimmernden Bart verschwanden. Um den Mund war der Bart säuberlich gestutzt, und die schmalen Lippen waren für einen Mann ungewöhnlich rot. Seine schwarze Robe wies ihn zwar als Witwer aus, aber er schien nicht zu trauern: Die Robe, aus schwerem Brokat geschneidert, war an den Rändern mit Pelz besetzt, und an seinen Händen blitzten Edelsteine.

All dies sah Isabelle in dem kurzen Augenblick, bevor ihr Vater sich zu ihr umwandte und sie mit einer liebevollen Handbewegung in den Raum bat. „Graf", sagte er, „seht meine Tochter. Komm näher, Isabelle."

Zurückhaltend trat Isabelle ein und begrüßte den schwarzbärtigen Grafen mit einem Knicks. Er zog sie zu sich heran und blickte sie prüfend an. Dann streckte er eine

Hand aus und ließ einen kalten, weißen Finger ihre Wange hinab über ihren Hals bis zu ihrer Brust gleiten. „Eine zarte Stadtmaid", bemerkte er sanft. Ihre Brüder, die bis dahin grimmig schweigend abgewartet hatten, traten bei dieser Geste erregt vor, doch der Graf schenkte ihnen keinerlei Beachtung. Seine Hand glitt zu den Schlüsseln, die Isabelle an einem Bund an der Hüfte trug und die sie als Herrin im Hause ihres Vaters auswiesen. „Ich will dir die Schlüssel zu prächtigeren Räumen als diesen geben."

Damit schien sein Interesse an ihr auch schon erloschen, denn er wandte sich an ihren Vater und sagte: „Ich werde meinen Haushofmeister schicken, damit er alles Notwendige regelt." Und er schritt zur Tür hinaus, begleitet von dem Kaufmann, dessen Verbeugungen und höflichen Worten er keine Beachtung zu schenken schien.

Der Graf war kaum gegangen, da traten Isabelles Brüder auf sie zu, außer sich vor Empörung über die erlittene Beleidigung. Doch Isabelle antwortete nicht. Ihre Augen blickten wie gebannt auf den Türbogen, durch den der Graf verschwunden war, und sie leuchteten vor Leidenschaft. Auf ihren Wangen lag ein rosiger Hauch.

„Der Mann ist alt, er ist ein Wüstling und hat, soweit wir wissen, zwei Frauen begraben. Nie und nimmer sollst du sein werden, Schwester", erklärte der ältere der beiden.

„O doch", erwiderte Isabelle.

Noch vor Ablauf eines Monats war sie seine Frau. Eine Woche später verließ sie Paris, um mit ihrem Gemahl auf dessen Ländereien in der Bretagne zu ziehen. Sie reiste in einer Pferdesänfte; neben ihr ritt der Graf, und ihnen folgte ein ganzer Troß von Wagen und Lasttieren. Die Brüder sagten dem Paar Lebewohl, wie es die Höflichkeit verlangte, aber der Jüngere, der irgendeinen unerklärlichen und beunruhigenden Wandel an Isabelle bemerkte, ergriff im letzten Moment ihre Hand und sagte: „Wenn du uns je rufen solltest, werden wir kommen, Schwester." Der Graf beugte sich aus dem Sattel und zog brüsk die Vorhänge der Sänfte zu.

Doch als sie Paris hinter sich gelassen hatten, kam der Graf noch einmal auf den Vorfall zurück. „Deine Brüder scheinen zu glauben, daß ich dir schade, mein junges Weib." Statt einer Antwort kam aus der Sänfte nur ein wohlig schläfriges Lachen.

Es war eine Burg, auf die der Graf seine Braut führte, umgeben von wehrhaften Mauern und bewacht von vieleckigen Türmen, die aus der dunklen Oberfläche eines Sees emporzusteigen schienen. Der Wald, der sich am Seeufer entlang bis zu dem Gemäuer erstreckte, stand winterlich kahl, und außer dem heiseren Krächzen der Krähen in den Bäumen war kein Laut zu hören.

Ein bedrohliches Bild, gewiß, aber Isabelle hatte kaum Gelegenheit, viel davon zu sehen. Auch den eisigen Dezemberregen, der auf die Dachschindeln niederprasselte und peitschend über die Oberfläche des Sees hinwegging, bemerkte sie nicht. Die ersten Monate in ihrem neuen Heim verbrachte sie fast ausschließlich in dem runden Gemach, das der Graf für sie hatte herrichten lassen. In diesem Gemach war es warm, und die Apfelbaumscheite, die beständig im Kamin brannten, verbreiteten einen angenehmen Duft; Teppiche mit Blumenmustern bauschten sich leicht an den Wänden; das von Seidenvorhängen umgebene Bett war hoch und weich. Ihr Gemahl verbrachte lange Stunden bei Isabelle; von Zeit zu Zeit verließ er wortlos ihre Kammer, wohl um seinen Geschäften nachzugehen, und ebenso unvermittelt kehrte er zu ihr zurück. Immer brachte er Geschenke mit, mal Juwelen, um sie zu schmücken, mal Wein, um die Kälte zu vertreiben.

Isabelle war selig, und die Zeit verging wie im Traum. Aber zuletzt wurde sie unruhig. Eines Morgens, als der Graf ihr Bett verließ, sagte sie zu ihm: „Ihr haltet mich im Glück gefangen, mein Gemahl."

Ein teuflisches Wesen war Blaubart, der sterbliche Frauen nur heiratete, um sie zu töten. Ein goldener Schlüssel zeigte an, wann ihre Zeit abgelaufen war: Er begann unaufhaltsam zu bluten.

Er lachte, und seine weißen Finger berührten zärtlich ihren Hals, doch er erwiderte nur: „Auf dich warten noch andere Freuden, Isabelle." Dann verließ er sie.

Als er zurückkehrte, hatte Isabelle sich erhoben. Sie hatte Untergewand und Überkleid angezogen und ihre Haare sittsam unter einer weißen Leinenhaube verborgen. Der Graf zog die schwarzen Augenbrauen hoch. Dann lächelte er und fragte: „So eilig, die Pflichten der Herrin zu übernehmen?" Er warf einen Schlüsselbund auf das Bett und fügte hinzu: „Nun, so sei es denn; hier ist das Banner der Burgfrau."

Er läutete nach seinem Haushofmeister, einem wortkargen Mann mit wissendem Lächeln. Und während dieser Isabelle die Bestimmung der einzelnen Schlüssel erklärte, lehnte der Graf mit untergeschlagenen Armen am Bettpfosten und hörte aufmerksam zu: ein Schlüssel für die Vorratskammer, in der der Wein lagerte, einer für die Kornkammer, ein weiterer für den Silberkeller, einer für die Schmucktruhe.

„Und der goldene Schlüssel?" fragte Isabelle, als er alle bis auf einen erklärt hatte. Der Haushofmeister zuckte die Achseln.

„Dieser Schlüssel öffnet die Tür zu meinem Privatgemach", erwiderte an seiner Stelle ihr Gemahl, „welches du nie betreten darfst. Es ist mir allein vorbehalten."

„Wie Ihr wollt", antwortete Isabelle und senkte gehorsam den Blick.

Fortan nahm Isabelle die ihr gemäßen Pflichten der Hausherrin wahr, eine Rolle, auf die sie bei ihrem Vater bestens vorbereitet worden war. Einige Wochen später, als sie sich mit den Ecken und Winkeln der alten Burg vertraut gemacht hatte und der Haushofmeister, wie von ihr angeordnet, ihr täglich Bericht erstattete, übertrug der Graf ihr offiziell die Verwaltung seines Besitzes. Er werde in Paris verlangt, sagte er, und ritt durch das Burgtor hinaus in das Land, das sich eben mit dem ersten zarten Frühlingsgrün schmückte.

Sich selbst überlassen, suchte Isabelle nun nach Beschäftigung. Unter den zumeist unsichtbaren Bediensteten des Grafen herrschte eine strenge Zucht, und ihre Wünsche wurden prompt erfüllt; sobald sie dem Haushofmeister ihre Befehle erteilt hatte, blieb ihr wenig zu tun übrig.

So schritt sie die lange Galerie entlang und betrachtete die Wandteppiche, die dort hingen und sich im Luftzug leicht bewegten, so daß die dargestellten Figuren zu leben schienen. Die Gewebe zeigten Jagdszenen, aber von einer Art, wie Isabelle sie noch nie gesehen hatte. Die Jäger waren dunkle, bärtige Gestalten wie ihr Gemahl, und unter ihnen befanden sich halbmenschliche Wesen mit Ziegenhörnern und -hufen. Die Leiber der Frauen, die über die grünen Felder ritten, leuchteten weiß und nackt, und auf den Feldern selbst breiteten sich Blutlachen aus. Überall bäumten sich Hasen auf, von Pfeilen durchbohrt; Rehe mit Wunden, aus denen Blut hervorbrach, sanken in die Knie; Vögel wälzten sich hilflos in scharlachroten Gerinnseln. Nach einer Weile betrat Isabelle einen anderen Raum und entdeckte die gleichen Szenen am Deckengewölbe: Über ihrem Haupt raste ein finsteres Menschengeschlecht, begierig zu töten.

Isabelle preßte angewidert die Lippen zusammen und beschloß, von weiteren Entdekkungen abzusehen. Statt dessen inspizierte sie die Vorratskammern und andere Räume, für die sie die Schlüssel besaß. Und als sie mit jedem Schlüssel eine Tür geöffnet hatte und nur noch der goldene übrig blieb, zögerte sie nicht. Schließlich war sie die Herrin des Hauses. Sie ging die teppichbehangene Galerie zurück und gelangte an ihrem Ende zu einer zurückgesetzten Tür. Isabelle drehte den Schlüssel im Schloß und öffnete die Tür zum Gemach ihres Gemahls.

Vor ihr lag ein dunkler, fensterloser Raum, und er beherbergte grauenhafte Gestalten,

Isabelle ahnte nicht, daß sie die Braut des Todes war, als sie mit Blaubarts Schlüssel dessen Privatgemach öffnete. Erst als sie dort die leblosen Gestalten ihrer Vorgängerinnen sah, wußte sie, wie sie selbst enden sollte.

Der blutende Schlüssel verriet Isabelle, und sie erwartete das Ende, das Blaubart für sie bestimmt hatte. Aber die Liebe siegte über die Mächte der Finsternis: Ihre Brüder kamen geritten, um sie zu retten.

die trotz des schlechten Lichts gut zu erkennen waren. Sie hingen an Stricken an der Wand, die Köpfe bizarr verdreht, und große Fleischerhaken durchbohrten ihre Kehlen. Einige hatten noch Augen, und diese standen offen und starrten sie blind an. Von anderen waren nur noch die Skelette übrig. Es waren ausschließlich Frauen von zarter Statur wie sie selbst, und sie alle trugen feine, weiße Brautgewänder. Unter den nackten, herabbaumelnden Füßen breiteten sich Lachen geronnenen Blutes aus.

Das Schlüsselbund entglitt Isabelles Hand und fiel auf den blutbesudelten Boden. Hastig bückte sie sich und hob es mit zitternden Fingern wieder auf. Dann eilte sie aus dem Gemach des Todes, zog die Tür zu und verschloß sie fest hinter sich.

Der Mann, der sie mit seinen Umarmungen bezaubert hatte, war ein Mörder, und sie war hilflos auf seinen Ländereien gefangen. Wenn sie floh, würde er sie finden, bevor sie sich in Sicherheit bringen konnte.

Isabelle tat das Nächstliegende. Sie verbarg das Schlüsselbund. Dann rief sie den Haushofmeister und teilte ihm mit, daß sie ausreiten wollte, und als er ein Pferd für sie gesattelt hatte, ritt sie über das Land, bis sie einen Bauern fand, der auf dem Feld arbeitete. Sie fragte, ob er ein Untertan des Grafen sei, und als er den Kopf schüttelte, gab sie ihm Gold, das Pferd und die Anweisung: „Reite nach Paris zum Hause des Flußkaufmanns auf dem Pont Notre Dame. Sage den Männern, die du dort antriffst: ‚Isabelles Leben hängt von eurer Hilfe ab.'" Sie wartete, bis der Mann fortgeritten war, und ging zu Fuß zur Burg zurück, wo sie dem Haushofmeister erklärte, daß sie gestürzt sei. Er schickte seine Leute aus, um das Pferd zu suchen.

Allein in ihrem Zimmer, nahm Isabelle die Schlüssel aus ihrem Versteck und sah sie sich genau an. Erschrocken bemerkte sie, daß Blut den Schaft des goldenen Schlüssels befleckte. Sie wusch ihn in ihrer Schüssel. Dann steckte sie ihn an ihren Gürtel zurück.

Als der Haushofmeister mit der Meldung zurückkehrte, die Suche seiner Männer nach dem Pferd sei erfolglos verlaufen, warf er einen Blick auf die Schlüssel und stellte fest: „Da ist ein Fleck an dem goldenen Schlüssel, Herrin." Er lächelte sein unergründliches Lächeln und zog sich mit einer übertrieben tiefen Verbeugung zurück.

Er hatte recht. Sie reinigte den Schlüssel noch einmal, und der Fleck verschwand; um ganz sicherzugehen, scheuerte sie ihn mit Asche aus dem Kamin. Dann legte sie ihn in ihre Wäschetruhe.

Als sie die Truhe wenig später wieder öffnete, war der Fleck erneut sichtbar. Und auf der Wäsche, auf der der Schlüssel gelegen hatte, zeichneten sich rote Tropfen ab: Es war, als ob er blutete.

Isabelle verschloß den Schlüssel in ihrer Schmuckschatulle. An den folgenden Tagen nahm sie ihn von Zeit zu Zeit heraus, um ihn zu reinigen und wieder wegzulegen. Und jedesmal tropfte neues Blut von dem Schlüssel und gerann auf den blitzenden Edelsteinen.

Ein Monat verging, und Isabelle zeigte nach außen unerschütterliche Ruhe, während sie heimlich den goldenen Schlüssel reinigte und hoffte, daß er zu bluten aufhören würde. Die ganze Zeit über rief sie innerlich die Namen ihrer Brüder. Ob der Bauer sie wohl angetroffen hatte?

Schließlich kehrte der Graf zurück. Sie hörte das Huftrappeln seines Pferdes im Torbogen, und dann erschien er im Burghof und rief nach seiner Frau. Sie wußte, daß er sie finden würde, wo immer sie sich auch versteckte, und so ging sie zu ihm hinunter, und die Schlüssel klapperten an ihrem Bund. Als er sie umarmt hatte, fragte er nach dem goldenen Schlüssel.

„Er ist nicht dabei", antwortete Isabelle.

Das Gesicht ihres Gemahls nahm einen Ausdruck unendlicher, uralter Trauer an. Er nahm sie bei der Hand und führte sie in die

Halle und weiter die Treppe hinauf in ihr Gemach. Dort streckte er die Hand aus. Sie öffnete die Schatulle, in der sich ihr Schmuck befand, und reichte dem Grafen den blutbefleckten Schlüssel.

Da geleitete er sie zu seiner langen Galerie mit den finsteren Gesellen, die an der Wand jagten. Hilflos wie ein gefangenes Tier ließ Isabelle sich führen. Er öffnete die Tür zur Kammer seiner Bräute und sagte: „Der Bann wurde ausgesprochen, mein junges Weib, und niemand kann ihn ändern. Ich muß die sterbliche Braut töten, denn wer den Tod entdeckt, hat sein Leben verwirkt. Der goldene Schlüssel ist der Hüter."

„Wer sprach den Zauber?" fragte Isabelle.

„Die Einstigen sprachen ihn", gab ihr Gemahl zur Antwort.

„Meine Brüder werden kommen, um mich zu retten, Graf", erwiderte Isabelle.

Er schüttelte den Kopf.

„Es ist zu spät. Du mußt deine Hochzeitsgewänder anlegen, Isabelle, denn du bist nun die Braut des Todes."

„Sie werden mich retten", wiederholte sie, „und so den Zauber lösen."

Sie drehte sich um und ging. In ihrer Kammer angekommen, blickte sie aus dem Fenster auf die frühlingsgrünen Felder, aber sie sah keine Reiter nahen. Sie versuchte, Zeit zu gewinnen, indem sie langsam die Schlüssel ablegte, die immer noch an ihrem Gürtel hingen, öffnete ihr Haar zu bräutlicher Tracht, ließ die Seidenrobe zu Boden gleiten und legte die Hochzeitsgewänder an, die sie getragen hatte, als sie das Haus ihres Vaters verließ. Dann trat sie zum Fenster und wartete.

Der Haushofmeister erschien. „Mein Herr bittet Euch auf seine Galerie", sagte er.

„Sag deinem Herrn, daß meine Bruder geritten kommen, mich zu holen."

Der Haushofmeister lächelte sein verschwiegenes Lächeln und zog sich zurück.

Zu guter Letzt hörte sie die Schritte ihres Gemahls auf der Treppe. Sein Schatten fiel hart in den Raum.

„Komm, Isabelle", forderte er sie auf. „Verschwende nicht die Zeit." Sie blieb am Fenster stehen, reglos wie ein Stein. Er kam näher und warf den blutbefleckten Schlüssel auf die Fensterbrüstung. Dann stöhnte er heiser auf. Zwei Reiter kamen im vollen Galopp über die Felder gesprengt.

Er hastete zur Tür. Laut hallten seine Befehle, aber es war bereits zu spät. Die Burgtore standen offen und waren unbewacht. Der Graf trat Isabelles Brüdern im Burghof entgegen. Ein entsetzlicher Aufschrei entrang sich seiner Kehle, als sie ihn niederschlugen. Als Isabelle hinter ihrem älteren Bruder aufsaß und davonritt, dem Haus ihres Vaters entgegen, da sah sie als letztes seinen blutüberströmten Leichnam, der auf den Pflastersteinen lag.

Der Graf in seiner Todesburg zählte zu den furchtbarsten Wesen, die durch einen Bann dazu verurteilt waren, unter der Menschheit zu wandeln. Kein Erzähler vermochte zu sagen, warum dieser schreckliche Fluch auf ihm lag.

Diese Erzähler sahen nur die Gestalt, die, von einer geheimnisvollen Kraft getrieben, zum Mörder geworden war. Er war der Tod im Leben, der seine Opfer verführte und aus der Geborgenheit ihres eigenen Geschlechts in die Kälte seiner Umarmungen lockte. Der Zauber, der ihm Macht verlieh, verlor seine Wirkung erst mit seinem Tod, und den Todesstoß konnten ihm nur Menschen versetzen, die den Mut besaßen, sich ihm entgegenzustellen – Isabelle, die noch in letzter Minute die Hoffnung nicht aufgab, gerettet zu werden, und ihre Brüder, die in unerschütterlicher Treue an ihre Seite eilten und den Todesbringer vernichteten.

Der Tod war nur allzu nah und greifbar in jenen Zeiten. Krankheiten breiteten sich epidemieartig in Städten und Dörfern aus, und die Menschen starben unter gräßlichen Qualen. Mit Klistier und *(Fortsetzung Seite 109)*

·EROS·UND·PSYCHE·

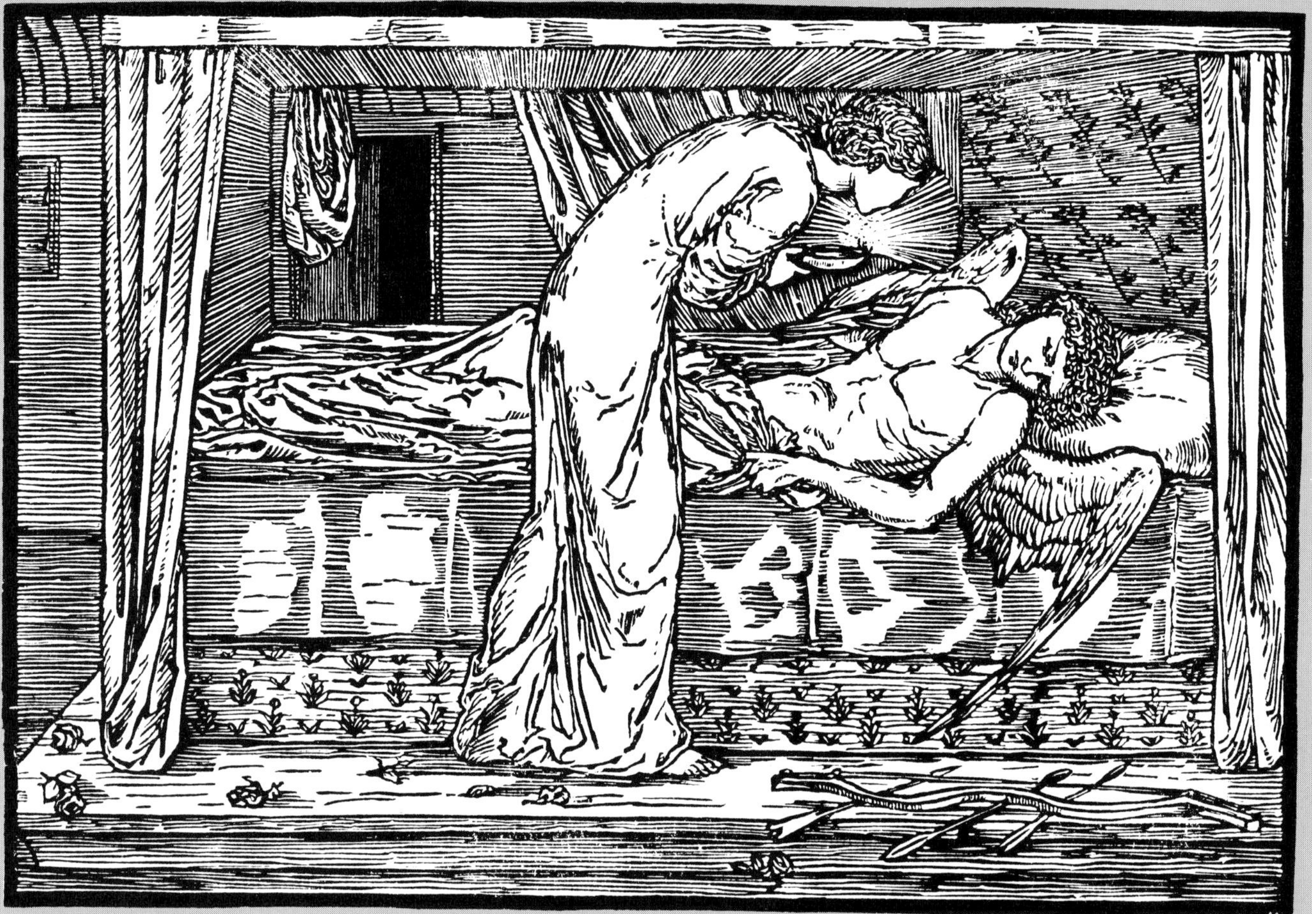

Psyche widersetzte sich dem Verbot und entzündete eine Lampe, die das wahre Wesen ihres Geliebten enthüllte. Er war der geflügelte Eros – kein sterblicher Mann, sondern der Gott der Liebe selbst.

Die Götter Griechenlands waren launisch, mächtig und eifersüchtig auf ihre Macht, und sie spielten mit dem Leben der Irdischen, die nichts hatten als ihre Liebe, ihren Mut und ihre Treue, um sich zu verteidigen ❧ Aber in der Kraft des Herzens besaßen sie eine wirksame Waffe, wie die Geschichte von Psyche und Eros zeigt ❧

Psyche lebte in Karien in Kleinasien, und sie war die schönste Perle unter den Jungfrauen, groß und hellhäutig, mit dunklen Haaren und leuchtenden Augen ❧ Ihr unvergleichlicher Liebreiz verletzte den Stolz der Göttin Aphrodite, die mit Zauberwaffen gegen sie vorging ❧ Aphrodite belegte sie mit einem Bann, der die jungen Männer Kariens von ihr fernhielt ❧ Und sie entsandte ihren Sohn Eros mit dem Auftrag, die Jungfrau zu verzaubern ❧ Doch als Eros Psyche zum erstenmal sah, erlag er selbst ihrem Zauber ❧ Er begehrte sie wie keine andere Frau auf der Welt und nutzte seine göttlichen Fähigkeiten, um sie vor ihren Eltern und der Göttin zu verbergen ❧

Psyches Eltern hatten das Orakel bei Milet an der Küste befragen lassen, warum kein Bewerber um die Hand ihrer Tochter anhielt ❧ Das Orakel antwortete; doch es war nicht die Stimme Apolls, sondern die des Eros, die verkündete, daß Psyche keinem Mann aus ihrem eigenen Volke, sondern einem Drachen bestimmt sei und auf einem hohen Hügel unweit der Stadt geopfert werden sollte ❧ Orakelsprüche verlangten bedingungslosen Gehorsam, und so führten die Eltern ihre Tochter weinend zu der Opferstätte ❧

In der kahlen Steinwüste hoch über den Dächern von Milet erwartete Psyche den Tod ❧ Doch statt dessen umfing sie der Schlaf, sanft wie der Abendwind, und sie sank zu Boden ❧

Als sie erwachte, befand sie sich an einem anderen Ort ❧ Statt der kargen Felsen umgab sie ein grünes, von silbernen Bächen durchzogenes Tal, das Pappel- und Pinienhaine säumten ❧ Vor ihr stand ein niedriges weißes Haus mit Dachziegeln, die golden in der Sonne leuchteten ❧ Die goldene Tür tat sich auf, und eine hauchzarte Brise geleitete sie zur Schwelle ❧ Schwerer Rosenduft erfüllte die Luft ❧

Im Hause ließ sich kein menschliches Gesicht blicken, keine menschliche Stimme hören ❧ Unsichtbare Hände bedienten Psyche und brachten ihr zu essen und zu trinken ❧ Als der Abend kam, führten unsichtbare Arme sie in ein Schlafgemach ❧ Die Dunkelheit verbarg die Gestalt, die zu ihr trat und in deren Armen sie die Wonnen der Liebe kennenlernte ❧ Auch die Stimme ihres Geliebten blieb ihr ein

Auf die Entdeckung folgte der Verlust. Da Psyche die Bedingungen des Gottes gebrochen hatte, verließ Eros sie und floh.

Geheimnis; nur einmal sagte er flüsternd, daß sie niemals sein Gesicht erblicken dürfe ❧ Bevor der Morgen graute, verließ er sie ❧

Die Monate verflogen wie im Traum ❧ Psyche verbrachte die Tage allein, umgeben nur von den unsichtbaren Händen, die sie bedienten, die Nächte dagegen in den Armen eines Geliebten, den sie nie sah ❧

Es waren Nächte voller Glück, doch Psyches Unruhe und Neugier wuchsen ❧ Eines Nachts verbarg sie eine Öllampe in ihrer Kammer und zündete sie an, als ihr Geliebter sich von ihr abwandte und einschlief ❧

Neben ihr lag eine bezaubernde Gestalt – Eros, der verführerischste unter den Jünglingen ❧ Auf seinem Rücken trug er mächtige Schwingen,

Psyche hoffte, ihren Geliebten zurückzugewinnen, und so trotzte sie der Unterwelt. Durch Gänge, deren Wände ewiges Eis bedeckte, wanderte sie auf der Suche nach dem Land der Toten.

In einer Senke am Ufer des Flusses Styx wartete Charon, der Fährmann. Psyche gab ihm Goldmünzen, damit er sie in den Hades übersetzte.

welche sie in den Nächten, in denen er sie umfing, für einen Umhang gehalten hatte ❧ Psyches Hände zitterten ❧ Tropfen heißen, glänzenden Öls rannen die Lampe hinab und fielen auf Eros' nackte Haut ❧

Sie bezahlte ihre Tat mit dem Verlust des Geliebten ❧ Eros sprang auf, sah Psyche, die seine Bedingungen gebrochen hatte, schweigend und vorwurfsvoll an und ging ❧ Weinend lief sie hinter ihm her; das letzte, was sie von ihm sah, waren die Schwingen, die im Mondlicht glänzten ❧

Am Morgen, der die lange, einsame Nacht beendete, begann Psyche ihre Suche ❧ Sie verließ ihr Tal und wanderte allein durch die Wildnis, und sie weinte um Eros ❧ Viele Tage vergingen, und sie lief weiter, bis sie alle Hoffnung verlor und Aphrodite um Eros' Rückkehr anflehte ❧ Die Göttin der Liebe erhörte ihr Gebet ❧ Unbeständig, wie sie war, antwortete sie ❧ Und so begann der zweite Teil der Prüfung, die Psyche zu bestehen hatte ❧

Die Göttin verlangte von der Frau einen Beweis ihrer Treue ❧ Sie stellte Psyche Aufgaben: Sie mußte Weizen-, Gerste- und Hirsekörner voneinander trennen, die den Speicher der Göttin füllten; sie mußte das goldene Vlies der wilden Widder rupfen, die auf den Weiden der Göttin grasten ❧ Aber es schien, als ob sich die Natur selbst der Sterblichen erbarmte, denn Psyche bekam Hilfe ❧ Es hieß, daß ein Ameisenvolk erschien, das die Körner für sie verlas, und daß die Hecken an den Weiden mit ihren Dornen den Widdern die Wolle ausrupften ❧ Bei der letzten Aufgabe aber konnte die Natur der Frau nicht helfen ❧ Die Göttin schickte Psyche in die Unterwelt, damit sie von der Herrscherin des Hades die magische Essenz menschlicher Schönheit holte, die Aphrodite für sich selbst begehrte ❧

Psyche nahm ein Gerstenbrot, um den Hund abzulenken, der die Pforte zur Unterwelt bewachte, und ein paar Münzen für den Fährmann, der den Fluß zum Hades überquerte, und brach auf ❧ Sie betrat eine Höhle und stieg in das Dunkel hinab ❧ Ihr Weg führte durch endlose, eisige Gänge, bis sie an den Ort kam, an dem Kerberos, der schwarze Hund, Wache hielt ❧ Sie zögerte, denn seine drei Köpfe zuckten knurrend und schnappten auf den schlangenartigen Hälsen ❧ Psyche warf ihm das Brot zu, und als sich der Hund sabbernd darüber hermachte, schlüpfte sie schnell an ihm vorbei und lief zu dem Fluß an der Grenze des Hades hinunter, an dessen Ufer Charon, der Fährmann, auf Seelen wartete ❧ Sie zahlte ihm den Obolus, und so setzte sie in das Reich der Toten über und irrte zwischen den Schatten weiter, die dort schwebten ❧ Sie kam zu einer großen Höhle, in der die Herrscherin der Toten wohnte ❧

Psyche kehrte heil zurück ❧ Der Fährmann brachte sie wieder über den Fluß, und sie schlich sich an dem dreiköpfigen Hund vorbei ❧ In ihren Händen trug sie ein Kästchen mit der geheimnisvollen Substanz, das die Herrscherin des Hades ihr gegeben hatte ❧ Als sie wieder im Hellen stand, betrachtete sie das Gefäß – es schien ihr allzu klein für die Schönheit der Welt ❧ Neugierig, wie sie war, öffnete sie den Deckel ❧

Das Kästchen, so berichteten die Erzähler, enthielt nicht die Schönheit, sondern einen dunstigen Schatten, der einen Zauberschlaf verbreitete ❧ Er entfloh dem Gefäß, stieg empor, wand seine langen, dunklen Arme um Psyche und versenkte sie in einen todesähnlichen Schlaf ❧

Allein und verzaubert lag Psyche in der Einöde am Tor zur Unterwelt, und sie wäre nie mehr erwacht, wenn Eros sie nicht geliebt und Mitleid mit der Leidenden empfunden hätte ❧ Er verließ die Höhen, in die er geflohen war, und durchstreifte die Welt auf der Suche nach Psyche ❧ Er fand sie, reglos im Bann des Zauberschlafs ❧ Der mächtige Gott erlöste sie von dem Bann; dann nahm er sie in seine Arme und trug sie in seine eigene Welt, und die Liebe, die im Dunkel begonnen hatte, endete in den Gefilden des Lichts ❧

Psyches Leiden endeten, als Eros sie, gefangen im Bann der Unterwelt, fand. Er führte sie in himmlische Gefilde und nahm sie zur Frau.

Aderlaß versuchten die Ärzte, die kaum andere Behandlungsmethoden kannten, zu helfen; Eingriffe nahmen sie, für die qualvollen Schreie ihrer Patienten taub, ohne Betäubungsmittel vor. Kriege waren reine Metzeleien, denn mit ihren Breitschwertern waren die Kämpfer imstande, einen Gegner mit einem einzigen Hieb von der Schulter bis zur Hüfte zu spalten. Verwundete, die auf dem Schlachtfeld lagen, mußten fürchten, daß ihre Feinde ihnen bei lebendigem Leibe die Eingeweide herausrissen. Nur wenige Menschen starben an Altersschwäche.

Aus der Allgegenwart des Todes und der Furcht vor dem, was danach kam, resultierte eine typische Zeiterscheinung: eine von Entsetzen geprägte Faszination. Priester predigten, Dichter schrieben unablässig vom Tod. Maler stellten ihn in grausamen Einzelheiten dar. Bildhauer fertigten Steinskulpturen der Verstorbenen an, und diese Skulpturen zeigten ihre in Gräbern verwesenden, von Kröten angenagten, von Würmern zerfressenen Leichen. All dies diente dazu, die Vergänglichkeit des Körpers nach dem Tode bewußt zu machen und die Menschen zu veranlassen, sich um das Heil ihrer Seele zu kümmern.

Aber nicht alle teilten die Haltung der Gläubigen, die der Bedrohung durch den Schnitter angstvoll, aber gottergeben entgegensahen. In Zeiten, in denen Seuchen die ganze Welt dahinzuraffen schienen, traten manche Menschen dem Schicksal mit fanatischer, herausfordernder Fröhlichkeit entgegen. Es entstanden Fresken, die Männer und Frauen im bunten, wirbelnden Reigen mit Skeletten zeigten, dem sogenannten Totentanz. Gelegentlich ging der Spaß sogar noch weiter: Bei Hofe amüsierte man sich, indem man sich als Tod verkleidete und Maskenspiele aufführte.

Wieder andere suchten Trost in einer ganz besonderen Vorstellung vom Tod. Sie erzählten Geschichten von Menschen, die dem Schnitter entgegengetreten waren. Einige Todesfälle, so sagte man nämlich, beruhten auf Zauberei, einem Bann, der Menschen Schritt für Schritt aus dem warmen Licht der Welt in die Finsternis entführte. Die Erlösung von dem Zauber vermittelte die Hoffnung, daß der Mensch dem Schicksal nicht ohnmächtig ausgeliefert war.

Eine dieser Geschichten berichtete von einem französischen Ritter. Er war nicht mehr jung; sein Haar war ergraut, und er befand sich auf dem Heimweg aus dem Krieg. In einem rostigen Kettenhemd und mit zerfetztem Mantel ritt er müde seines Weges, fort aus dem Gebiet, in dem der Krieg mit verbrannten Städten und Dörfern und verwüsteten, blutgetränkten Feldern seine furchtbaren Spuren hinterlassen hatte.

Nach einigen Tagen gelangte der Ritter in einen Wald. Obwohl er die Gegend nicht kannte, gab er dem Pferd die Zügel frei, und das Tier trottete den Pfad entlang, bis es eine Lichtung erreichte, auf der ein Haus stand. Hier blieb es stehen.

Der Krieg hatte diesen Ort verschont, aber irgend etwas stimmte nicht. Es war ein stattliches Haus – ein mit Türmchen geschmücktes Herrenhaus, das sich irgendein Edelmann als Landsitz gebaut haben mochte, denn es lag in einem kleinen Park. Der Park jedoch war verwildert: Das Gras stand kniehoch, auf den Blumenbeeten wucherte Unkraut, und die Brunnen waren ausgetrocknet. Was das Haus selbst betraf, so war das Tor offen, aber unter dem Bogen rührte sich nichts außer ein paar Fliegen, die um einen Heuhaufen schwirrten.

Das ganze Szenarium wirkte nicht gerade einladend, doch der Tag ging zu Ende, und der alte Kämpe brauchte ein Dach über dem Kopf. Er stieg ab, führte sein Pferd über den verwahrlosten Rasen und band es im Torbogen fest. Das Tier senkte den Kopf und begann, Büschel aus dem Heu zu reißen. Der Mann trat in einen kleinen gepflasterten Hof, und seine Schritte hallten auf den Steinen wider. Er rief einen Gruß.

Daraufhin erschien eine alte, schwarzgekleidete Frau, die mit sich selbst sprach, während sie kopfwackelnd über den Hof schlurfte. Sie faßte den Ritter am Ärmel und zog ihn zum Haus, während sie unablässig unverständliche Worte vor sich hinbrabbelte.

Sie war offenbar nicht ganz richtig im Kopf, aber als sie ihn ins Haus gebracht hatte und an der Tür zu einer kleiner Kammer verließ, sagte sie ganz deutlich: „Du darfst den Wein nicht trinken. Du darfst nicht schlafen. Du darfst die Kleider nicht ablegen, die du in dieser Welt trägst." Vielleicht haben die Greuel des Krieges ihr den Sinn verwirrt, dachte der Ritter.

Die Kammer, die er betrat, war kalt und nahezu leer. An einem langen Eichentisch stand ein Mann mit silbernem Haar. Es war ein großer, stattlicher Mann, aber er wirkte gebrochen und krank, und seine Stimme zitterte, als er sprach.

„Du bist gekommen, um die Aufgabe zu lösen", sagte er.

Der Ritter seufzte, denn er hatte einen langen Krieg hinter sich und genug von gefahrvollen Aufträgen. Alles, was er suchte, war ein Bett. Aber er wußte, was sich gehörte. Seine Ehre erlaubte es nicht, daß er eine solche Herausforderung ablehnte.

„Worin besteht die Aufgabe?" fragte er.

„Sie besteht darin, mein Geschlecht zu retten", erwiderte sein Gastgeber. „Die Töchter dieses Hauses stehen unter einem Zauberbann. Jeden Abend verschwinden sie, und sie sagen nicht, wohin. Jeden Morgen kehren sie in zerfetzten Kleidern zurück. Jeder Tag bringt sie dem Tode näher, und mein Haus stirbt mit ihnen, wie du siehst. Doch ich kann den Schlüssel nicht finden, der sie befreit. Die Aufgabe besteht darin, herauszufinden, wohin sie gehen, und die Tür zu schließen, die sie geöffnet haben."

„Ist noch niemand ihnen nachgegangen?"

„Drei junge Männer haben es versucht, jeder auf seine Weise. Aber sie versagten, und ich erschlug sie wegen ihres Versagens. So verlangt es die Aufgabe."

„Es ist Torheit, wenn ein alter Mann versucht, was jungen Männern nicht gelang", stellte der Ritter fest.

„Du lehnst also ab?"

„Ich nehme an."

Der Hausherr nickte und rief einen Namen. Als wenn sie auf den Ruf ihres Herrn gewartet hätte, tauchte die schwarzgekleidete Alte wieder auf und führte den Ritter durch Gänge, in denen fingerdicker Staub lag, vorbei an leeren Kammern mit geschlossenen Fensterläden, eine steile Treppe hinauf und in den Raum, der den Töchtern des Hauses als gemeinsames Schlafgemach diente.

Es war ein langgestreckter, hoher Raum, in dem drangvolle Enge herrschte. Sechs riesige Himmelbetten verstellten eine Wand; Truhen und Stühle standen unordentlich herum. Auf Truhen, Betten, Stühlen und auf dem Boden stapelte sich weiblicher Zierat in wildem Durcheinander – Seidenhemden, steife Leinenkorsagen zum Einschnüren der Taille, goldglänzende Haarnetze und Schleier, unter denen die Haare verborgen wurden, Perlenschnüre und Silberketten, bestickte Damast- und Brokatkleider. Überall verstreut lagen Schuhe, zierliche blaue und rote Damenschuhe aus weichem Leder, die mit blitzenden Edelsteinen besetzt waren. Obwohl von feinster Machart, waren sie verschmutzt und zum größten Teil verschlissen.

Auf den Bänken in den Fensternischen, ausgestreckt auf den Betten und zusammengesunken auf den Stühlen, schliefen die Eigentümerinnen der Kleider. Der Ritter zählte insgesamt zwölf. Die jungen Damen waren sicher einmal hübsch gewesen, dachte er, aber in ihrer Teilnahmslosigkeit, abgemagert bis auf die Knochen, bleich und mit seltsam durchscheinender Haut, wirkten sie wie eine Schar von Gespenstern.

Eine Zuflucht im Walde

Die Geschichte von Schneewittchen ist ein Beispiel dafür, daß Treue und Unbeirrbarkeit helfen konnten, wenn Sterbliche in den Bann eines Zaubers gerieten. Schneewittchen war ein wunderschönes Mädchen. Als ihr Vater starb, blieb sie bei ihrer königlichen Stiefmutter, einer Zauberin, die einen allwissenden Spiegel besaß sowie die Amulette und Zaubersäfte einer erfahrenen Giftmischerin. Die Königin haßte das Mädchen wegen seiner Schönheit, die niemand je zu Gesicht bekommen sollte. Heimlich beauftragte sie einen Jäger, Schneewittchen in den Wald zu führen und dort zu töten.

Doch der Jäger wurde zu ihrem ersten Retter. Er war kein Mörder, und so ließ er das Mädchen einfach im Wald zurück. Schneewittchen irrte allein umher, bis sie zu einer blitzsauberen Hütte kam, und hier fand sie Zuflucht. In der Hütte wohnten winzige Waldmenschen, Jäger und Holzfäller, so alt und knorrig wie die Bäume, unter denen sie lebten. Schneewittchens Schönheit bezauberte sie, und sie nahmen sie freundlich bei sich auf.

Aber der Spiegel verriet der Königin, daß ihre Stieftochter noch lebte. Die Zauberin verwandelte sich in eine alte Händlerin und machte sich auf den Weg zu der Waldhütte. Dort bot sie dem Mädchen reife Äpfel an. Schneewittchen nahm einen, biß in das saftige Fleisch und sank in todesähnlichem Schlaf zu Boden, denn der Apfel war mit einem Zaubermittel getränkt.

Doch die Königin hatte die Treue der kleinen Waldmenschen unterschätzt. Sie fanden Schneewittchen, die wie tot dalag, aber aussah wie das blühende Leben. Da sie sie nicht wecken konnten, fertigten die schlichten Männer einen gläsernen Sarg für sie an und bewachten sie getreulich, jahrein, jahraus.

Eines Tages kam ein junger Königssohn auf der Jagd durch den Wald gezogen, der das Mädchen in seinem Sarg fand. Er öffnete den gläsernen Deckel und hob Schneewittchen heraus. Das war die Handlung, die den Bann der Königin brach. Der vergiftete Apfel fiel aus Schneewittchens Mund, und sie kehrte ins Leben zurück. Sie heiratete den Königssohn, der die Stiefmutter bestrafte, indem er sie zwang, in Schuhen aus glühend heißem Eisen so lange zu tanzen, bis sie tot umfiel.

Unter einem Landhaus befand sich eine Wendeltreppe, die in eine Unterwelt führte. Der Zauber dieser Welt lockte die Töchter des Hauses in tödliche Gefahr.

Eine von ihnen regte sich, als er sich räusperte. Ihre Bewegung weckte die anderen, die ihn sofort bemerkten, aber von seiner Anwesenheit nicht sonderlich überrascht schienen. Sie sahen mit ausdruckslosen Augen zu, wie ihre Schwester ihm ein Bad und frische Kleider anbot, ganz wie es damals in feinen Häusern üblich war.

Als der Ritter beides ablehnte, begannen sie miteinander zu schwatzen und zu tuscheln. Ungerührt ließ er sich zu einer Ecke führen, in der hinter einem Vorhang ein Schlaflager bereitet war. Die Schwester entfernte sich, um gleich darauf mit einem silbernen Becher voller Wein zurückzukehren. Als er auch dies kopfschüttelnd ablehnte, zeigten sich hektische Flecken in ihrem bleichen Gesicht. Mit unsicherer Stimme zischte sie ihn an: „Es gehört sich, daß du trinkst."

„Etwas später", erwiderte er. „Wenn ich mich schlafen lege." Sie wandte sich ab. Er kippte den Wein in seinen Umhang und spürte, wie Feuchtigkeit den Stoff durchtränkte und seine Haut berührte. Dann wikkelte er sich in seinen Mantel, legte sich nieder und schloß die Augen.

Eine Stunde oder länger harrte der Ritter auf seinem Lager aus und lauschte auf die Geräusche, die von der anderen Seite des Vorhangs zu ihm herüberdrangen – das Rascheln der Stoffe, das Klicken der Geschmeide, das unablässige wispernde Schwatzen der Frauen. Von Zeit zu Zeit hörte er Schritte, die sich seinem Lager näherten; er hielt die Augen fest geschlossen, und die Beobachterinnen entfernten sich wieder.

Einmal ließ sich eine Stimme vernehmen: „Armer Ritter, der den Wein des Schlafes trinkt und sterben muß", sagte sie.

Schließlich ertönte ein scharfer Knall. Gemessenen Schrittes tappten Füße durch den Raum. Die Stimmen der Schwestern entfernten sich. Als es still geworden war, sah der Ritter aus seiner Ecke hervor.

Am Fuß des mittleren Bettes stand weit geöffnet eine Falltür, die eben begann, sich zu senken. Schnell sprang er hinzu. Er erreichte den darunter verborgenen Eingang, und er hatte ihn kaum betreten, da schloß sich die Tür fugenlos über ihm.

Er stand im Dunkel oben an einer steinernen Wendeltreppe. Weit unter ihm erklangen die Stimmen und das Gelächter der Schwestern. Vorsichtig ging der Ritter eine schmale Stufe und eine enge Kehre nach der anderen hinab und folgte dem Geräusch. Während er sich mit einer Hand an der Wand entlangtastete, wurde es auf der Treppe immer heller, und die Steine, aus denen sie gemauert war, wurden klar erkennbar. Er warf einen Blick auf die Wand. Die Haare sträubten sich in seinem Nacken, als ihm bewußt wurde, daß er seine eigene Hand nicht sehen konnte. Er blickte an sich hinunter. Seine ganze Gestalt war unsichtbar.

Der Ritter überdachte seine Lage, zuckte die Achseln und ging dann festen Schrittes weiter. Zurückzukehren war in Anbetracht des Gewichts der Tür, die sich hinter ihm geschlossen hatte, zwecklos.

Am Fuß der Treppe angekommen, erblickte der Ritter eine unheimliche Welt. Vor ihm erstreckten sich Haine, die in einer Art Sternenschein silbrig schimmerten. Jenseits der Bäume glänzte ein stiller See, in dessen Mitte auf einer Insel ein Palast aufragte. Die Frauen, denen er folgte, hatten den Hain bereits erreicht. Sie schienen das Nahen des Ritters nicht zu bemerken, und er trat lautlos und voller Verwunderung hinzu.

Mit den Schwestern war eine Verwandlung vor sich gegangen. Ihre kränkliche Blässe und Durchsichtigkeit war geschwunden. Ihr Augen leuchteten, ein rosiger Schimmer lag auf ihren Wangen, und ihre zuvor abgemagerten Leiber rundeten sich sanft wie die blühender junger Frauen. Es war, als ob sie nur an diesem Ort wirklich lebten. Sie schwatzten und lachten, während sie sich dem Seeufer näherten. Vom Wasser kam ih-

In der Unterwelt stand ein Inselpalast. Dorthin brachten geisterhafte Fährleute die Mädchen, um mit ihnen zu tanzen. Doch dann gelang es einem Ritter, ungesehen in die Unterwelt einzudringen und das Netz des tödlichen Zaubers zu zerschlagen.

nen eine Flotte kleiner Boote mit hochgezogenem Bug entgegen.

In seiner Verwirrung achtete er nicht darauf, wohin er seine – ohnehin unsichtbaren – Füße setzte, und er trat auf eine Schleppe. Die Trägerin des Kleides wandte sich um und sah mit weit geöffneten Augen nach der Stelle, an der er stand. Ängstlich flüsterte sie einer Schwester etwas zu, aber die lachte nur und redete beruhigend auf sie ein.

Der Ritter trat zurück an einen Baum und blieb abwartend stehen. Der Baumstamm war kalt; er tastete nach den Blättern und Äpfeln, die an ihm hingen, und fand auch sie eiskalt – es war keine lebende Materie. Als er einen Apfel pflückte, brach der ganze Ast ab. Blitzschnell drehten die Frauen ihre Köpfe nach ihm um, aber keine von ihnen konnte ihn offenbar sehen.

Alles weitere war leicht. Die kleinen Boote landeten am Ufer; hochgewachsene Männer steuerten sie, eingehüllt in schwarze Mäntel mit hohem Kragen. Es waren ihrer genauso viele wie die Schwestern, die zu ihnen einstiegen, um den See zu überqueren. Der Ritter kauerte sich ins Heck des letzten Bootes, das ablegte, und fuhr mit ihnen. Der Steuermann wunderte sich zwar über das ungewöhnliche Gewicht, aber er brachte das Boot sicher zu der Insel und an das Ufer, auf das Lichtstrahlen aus dem Palast fielen.

Es war ein Palast des Todes. Die Banketthalle durchflutete Licht, das keiner erkennbaren Quelle entsprang, und Tanzmusik erklang, obwohl kein Orchester spielte. Die Begleiter der Frauen legten ihre Mäntel ab. Ihre Haut war leichenblaß, und ihre Ohren standen spitz vom Haupte ab. Die Toten, denn das waren sie, führten die Schwestern zum Tanz, und während sie sich im Kreise drehten, schimmerten die Schädelknochen durch die fahle Haut.

Stunden vergingen, und sie tanzten ohne Unterlaß. Die Schwestern hingen wie Puppen in den Armen ihrer Freier, ihre Augen glänzten fieberhaft, und ihr Gelächter wurde schriller und schriller.

Die ganze Nacht hindurch lehnte der Ritter ungesehen an einer Wand und sah zu. Als die Toten ihre erschöpften Schützlinge schließlich aus dem Palast geleiteten, folgte er ihnen. Einen Silberbecher, den er irgendwo gefunden hatte, nahm er zum Beweis seines Abenteuers mit.

Zusammen fuhren sie über den See zurück, und der Ritter hielt sich immer dicht hinter den Schwestern, die durch den schimmernden Hain stolperten. Hinter ihnen schwebten Stimmen über das Wasser, die verhallten, als sie sich der steinernen Treppe näherten. „Bald", versprachen die Stimmen sanft, „bald, bald."

Als sie die obersten Stufen erklommen, klatschte die Schwester, die voranging, einmal in die Hände. Die Tür schwang auf, und eine nach der anderen kehrten die Frauen in ihre eigene Welt zurück. Der alte Ritter kam als letzter, und während er sich durch den Eingang zwängte, erhielt er seinen Körper, seine Hände und Füße wieder: Als Lebender mit den Kleidern der Lebenden war er unter den Toten unsichtbar gewesen. In seiner eigenen Welt wurde er wieder er selbst.

Beim Anblick des Ritters erschraken die Schwestern und blieben dichtgedrängt und wie angewurzelt am Eingang zur unterirdischen Welt stehen. Er stieß sie weg und stemmte sich kraftvoll gegen die Tür. Der Raum bebte, als sie krachend zufiel.

„Ein lebender Mann schließt diese Tür für immer", sagte er. „Es ist von Übel, ihr Damen, sich dem Tod in die Arme zu werfen." Und er schleuderte Apfel und Silberbecher, die er mitgebracht hatte, von sich. Beide zerfielen zu Staub, sowie sie den Boden berührten.

Die Aufgabe war gelöst. Die Tür zur unterirdischen Welt, die die verführten Schwestern Nacht für Nacht betreten und in der sie jedesmal einen Teil ihres Lebens zurückgelassen hatten, sollte sich nie mehr auftun. Die

Mädchen gesundeten, und mit ihnen erwachte das Haus zu neuem Leben. Ihr Vater beschenkte den Ritter reich mit Gold und Ländereien, und er gab ihm die älteste seiner Töchter zur Frau. Sie hatten Kinder und lebten glücklich miteinander, bis der natürliche Tod sie ereilte.

Niemand wußte zu sagen, auf welch unheimliche Weise das Tor zur unterirdischen Welt sich aufgetan hatte, geschweige denn, welchem Zauberbann die Schwestern erlegen waren. Die Erzähler beschränkten sich darauf, von einem fahrenden Ritter zu berichten, dem es gelang, das Tor wieder zu schließen – keinem jungen, schönen Edelmann, sondern einem abgekämpften Krieger, der, obwohl alt und erschöpft, den Mut besaß, einem Zauber entgegenzutreten, und der klug genug war, die darin versteckten Fallen zu umgehen und den Bann zu brechen.

Die Geschichte von dem Ritter stand nicht allein. Die Magie, so schien es, ließ sich besiegen, die Finsternis zurückdrängen, wenn der Mensch seine höchsten Tugenden gegen sie einsetzte.

Wirksamer als alle anderen Waffen dürfte dabei wohl der menschliche Edelmut gewesen sein, wie eine Geschichte aus dem Leben des Königs Artus zeigt:

Die Geschichte begann mit einer Herausforderung an den König selbst. Artus befand sich auf einer Hirschjagd, und es begab sich, daß er sich von seiner Gefolgschaft trennte, um einem Rehbock allein nachzujagen. Von Dickicht zu Dickicht hetzte er seine Beute, und er stellte das Tier schließlich inmitten einer tiefen, stillen Senke, die von ausladenden Bäumen umgeben war. Von seinen Gefährten war nichts mehr zu hören, geschweige denn zu sehen. Dort erlegte der König den Rehbock mit einem einzigen Bogenschuß.

In diesem Augenblick trat ein Fremder aus dem schattigen Wald hervor – ein Ritter in voller Rüstung und bewaffnet.

„Gut getroffen, König", sagte der Ritter. „Dieser Wald liegt auf meinem Gebiet. Ihr habt es verletzt und Euer Leben verwirkt."

Ungerührt sah der König den Fremden eine Zeitlang schweigend an. Dann sagte er: „Wie heißt Ihr?"

„Man nennt mich den Sohn des Sommertages", erwiderte der Ritter.

„Dann laßt Euch sagen, Herr, daß Ihr bewaffnet seid und ich nicht. Wenn Ihr mich auf der Stelle erschlagt, verliert Ihr Eure Ehre. Aber ich will einen Handel mit Euch eingehen. Schont mein Leben, und ich gewähre Euch einen Wunsch."

„Nun gut, König", gab der Ritter zur Antwort. „Hört meine Bedingungen. Ihr und ich, wir werden uns nunmehr trennen. Auf den heutigen Tag in zwölf Monaten sollt Ihr zurückkommen, unbewaffnet und allein, und wenn Ihr kommt, bringt mir die Antwort auf eine Frage, die ich Euch stelle: ‚Was ist es, das Frauen begehren?' Wenn Ihr die Antwort nicht wißt, habt Ihr Euer Leben verwirkt." Und mit diesen Worten verschwand der Fremde zwischen den Bäumen.

Artus machte sich daran, den Bock zu zerlegen, den er geschossen hatte, doch die seltsame Begegnung ging ihm nicht aus dem Kopf. Sein Leben, so schien es, hing von einem lächerlichen Rätsel ab, dem Rätsel eines Wesens, das mit Sicherheit der anderen Welt angehörte. Doch es sollte nicht die einzige Begegnung mit einer Gestalt aus der anderen Welt bleiben. Als er seine Arbeit beendet und die Stelle für seine Jäger gekennzeichnet hatte, machte er sich auf den Rückweg und wurde im Wald erneut aufgehalten.

Unvermittelt tauchte eine Frau vor ihm auf, als ob sie geradewegs dem Dunstschleier entsprungen sei, der über der Erde lag. Sie trug seidene Gewänder und ritt einen hübschen Zelter, aber sie war von so grotesker, mitleiderregender Häßlichkeit, daß sich Artus das Herz zusammenkrampfte. Sie war kurz und rund wie ein Faß, und Warzen verunstalteten ihr rotes Gesicht. Krumme Zäh-

ne ragten zwischen ihren breiten Lippen hervor, und die Lider um die rotgeäderten Augen waren gelb verkrustet.

„Guten Tag, Dame", sagte der König.

„Gott segne Euch, König", erwiderte sie ohne Überraschung. „Man nennt mich Dame Ragnell. Ich kenne die Antwort auf das Rätsel, das der Sohn des Sommers Euch stellte. Nur ich kenne sie. Mein Wort kann Euch das Leben retten, und ich will Euch das Wort geben, wenn Ihr mich belohnt."

„Was verlangt Ihr?"

„Daß, wenn ich Euch das Wissen verleihe, Ihr mir den Ritter Gawain zum Manne gebt."

Es war geradezu lächerlich. Gawain war des Königs bester Ritter, an Mut und Gewandtheit von keinem übertroffen, im Kampf unbesiegbar und am Hofe von einwandfreien Manieren. Seine Gefährten liebten ihn. Undenkbar, diesen Mann einer zauberkundigen alten Frau zu vermählen. Artus wählte seine Worte so schonend wie möglich, als er ihr dies mitteilte.

Ragnell zuckte ihre breiten Schultern. „Auch eine Eule muß sich paaren, und Gawain ist derjenige, den ich wählte. Wenn die Zeit Eurer Prüfung naht, König, werde ich zu Euch an den Hof kommen und mir Eure Antwort holen." Sie wendete den kleinen Zelter und war gleich darauf verschwunden.

Mehrere Monate lang bewahrte Artus Stillschweigen über seine beiden seltsamen Begegnungen. Doch als der Tag der Prüfung nahte und er erkannte, daß sein Leben tatsächlich in der Hand eines Ritters lag, den man den Sohn des Sommers nannte, beschloß er, seine Ratgeber von seinem Dilemma zu unterrichten. Die Ritter reagierten bestürzt und amüsiert – bestürzt über die Lächerlichkeit des Rätsels und amüsiert über die Vorstellung, Gawain mit einem häßlich alten Weibe vermählt zu sehen. Doch Gawain selbst brachte sie mit einer Handbewegung zum Schweigen.

„Ich werde die Dame heiraten, und das laßt sie nur wissen", sagte er. Er überhörte das Gelächter seiner Gefährten und überstimmte die Einwände des Königs, indem er sagte, es gebe nur wenige glückliche Ehen und diese Ehe sei besser als der Tod des Königs durch einen Zauberbann.

Die vereinbarte Jahresfrist näherte sich ihrem Ende. Ragnell erschien bei Artus, wie sie es versprochen hatte. Während der Hofstaat sie seine Verachtung deutlich spüren ließ, empfing Gawain sie mit ausgesuchter Höflichkeit. Er zuckte nicht zurück, als sie mit knochigen Händen über seinen Arm strich. Er geleitete sie zum König und paßte seinen langen Schritt ihrem unbeholfenen Watscheln an. Als er sie mit Artus allein gelassen hatte, spuckte einer seiner Gefährten auf den Boden und meinte: „Welch eine widerliche Kreatur, Gawain."

„Ihr solltet mir gegenüber nicht so von ihr sprechen", wies Gawain ihn freundlich zurecht. Und in der Tat, danach erkühnte sich keiner aus Artus' Gefolgschaft mehr, Nachteiliges über Ragnell zu äußern.

Welche Lösung sie dem König als Antwort auf das Rätsel anvertraute, mochte keiner von beiden sagen. Aber es war die richtige. Artus kehrte unversehrt von seinem Treffen mit dem Sohn des Sommers zurück. Diese Angelegenheit war erledigt.

Doch nun galt es, den Preis zu bezahlen. Gawain führte Ragnell in Artus' Bankettalle in Carlisle, und sie schlurfte brabbelnd, schnaufend und kichernd neben ihm her. Vor versammeltem Hofe gab er ihr sein Wort, und nichts deutete darauf hin, daß sie ihm zuwider war, jetzt nicht und auch später während des Festes nicht, bei dem die Alte mit langen, schmutzigen Fingernägeln gierig am Fleisch zerrte und die Brocken mit lautem Schmatzen verschlang. Gawain schien von alledem nichts zu bemerken; er unterhielt sich freundlich mit seinem Weibe, solange das Mahl dauerte, und trank aus ihrem fettverklebten Kelch.

Eine Zaubergeschichte begann damit, daß König Artus auf verbotenem Gebiet einen Rehbock erlegte. Der Hüter des Tieres verlangte einen Preis – die Antwort auf ein Rätsel oder Artus' Leben.

Eine abstoßende Alte löste das Rätsel und rettete König Artus das Leben. Als Gegenleistung verlangte sie Gawain zum Mann, Artus' besten Ritter. Gawain, seinem König treu ergeben, zahlte den Preis.

Das alte Weib, das Gawain heiratete, war in Wirklichkeit eine wunderschöne Dame, die durch einen Zauber verwandelt worden war. In seiner Ritterlichkeit nicht zu beirren, erfüllte Gawain die Bedingungen des Banns und erlöste sie. Ihm wurde dafür unermeßliches Glück zuteil.

Das Mahl nahm sie so sehr in Anspruch, daß sie ihm die meiste Zeit schweigend zuhörte. Am Ende lehnte sie sich auf der Bank zurück. Ihr rotes Gesicht glänzte vom Fett, und sie blickte die Tafel entlang auf die Menschen an Artus' Hof. Dann stieß sie mühsam hervor: „Für dich, Gawain, wäre ich gern eine schöne Frau, denn du beweist soviel guten Willen." Gleich darauf kicherte sie ungebührlich und wiegte sich auf ihrem Platz.

Doch Gawain, unbeirrbar höflich, lächelte nur. Dann erhob er sich und half seinem Weibe auf. Er reichte der Alten den Arm und führte sie an der Gesellschaft vorbei aus der Halle ins Brautgemach.

Als sie allein waren, sah sie ihren jungen Gemahl prüfend an und sagte: „Und nun mußt du die Abmachung erfüllen. Das Lager zu teilen ist das Recht der Frau, und ich verlange es."

„Gewiß, Herrin, ich bin Euer ergebener Gemahl." Er wandte sich ab, um die Schnalle seines Schwertgürtels zu lösen.

Als er sich wieder umdrehte, war das häßliche alte Weib verschwunden. Neben dem Bett stand eine junge Frau, zart wie die Flamme einer Kerze. Das bezaubernde Gesicht umringten üppige schwarze Locken, und ihre dunklen Augen blitzten ihn an.

Er ließ Schwert und Gürtel zu Boden fallen. „Wer seid Ihr?" fragte er atemlos.

Sie erwiderte mit einem Lächeln: „Dein Weib, sicherlich, Gawain."

Während er sie ungläubig anstarrte, fuhr sie fort: „Ein Zauber ruht auf mir. Und du darfst die Bedingung wählen: Ich kann in dieser Gestalt erscheinen, wenn wir allein sind, aber dann bin ich ein altes Weib in der Gesellschaft der anderen. Oder ich kann den Hof mit meiner Schönheit beeindrucken, aber dann bin ich die Alte, wenn ich hier bei dir weile. So wähle, mein Gemahl."

„O Herrin", stöhnte Gawain, „das ist eine schlimme Wahl. Ich verliere endweder an Ehre in den Augen des Hofes, oder ich verliere die Freuden der Liebe."

„So ist es bestimmt", erwiderte Ragnell.

Der Jungvermählte dachte kurz nach und schüttelte dann den Kopf. „Liebste Dame, Ihr müßt tun, was Euch beliebt. Ich überlasse Euch die Wahl – von ganzem Herzen."

Da streckte Ragnell ihm die Arme entgegen und sagte: „Damit hast du den Bann gebrochen, der mich gefangen hielt. Mein Schicksal war es, als häßliches altes Weib zu leben, bis der edelste Ritter Britanniens sich mit mir vermählt und mir die Wahl überläßt. Ich bin dein treues Weib, Gawain, und dies ist fortan meine unwandelbare Gestalt." Damit löschte sie das Licht.

Als der Morgen kam und Sonnenstrahlen die Kammer durchfluteten, richtete Gawain sich im Bett auf und betrachtete, auf den Ellenbogen gestützt, seine Frau, bis sie die Augen aufschlug und ihn anlächelte.

„Das Rätsel, das der Sohn des Sommers dem König aufgab", sagte er. „Wie lautet es?"

„Er wollte wissen, was Frauen vor allem anderen begehren."

„Und die Antwort?"

„Gewalt über Männer", erwiderte Ragnell.

Ragnell und Gawain verlebten fünf gemeinsame Jahre, und sie schenkte ihm seinen einzigen Sohn – Gingalin, der zu einem ebenso vortrefflichen Ritter heranwuchs wie sein Vater. Ihre Schönheit verging nicht, aber sie starb früh – als ob die Kinder eines älteren Geschlechts nicht lange in Gesellschaft der Menschen leben konnten. Gawain trauerte um sie, bis der Tod auch ihn ereilte.

Seine Treue zu seinem König und sein unbeirrbarer Edelmut erlösten Gawains Gemahlin von dem Bann, der auf ihr ruhte. Geschichten dieser Art waren einst jedermann geläufig. Männer und Frauen verfügten, wie sie allmählich erfahren sollten, über wirksame Waffen gegen die geheimnisvollen Zauberkräfte archaischer Zeiten. Diese Waffen waren die Tugenden des menschlichen Herzens – Mut, Beständigkeit und Liebe.

Liebesglück und Liebesleid

Groß war der Ruhm der Fianna, jenes Bundes tapferer Krieger, die Irland verteidigten, als noch viele zauberkundige Wesen in ihrem Lande lebten. Und in der Fianna gab es keinen edelmütigeren Krieger als Diarmuid, den Sohn des Donn. Er war nicht nur ein mutiger und kampferprobter Recke, sondern auch ein vortrefflicher Balladensänger. Wegen seines heiteren, großzügigen Wesens „liebten ihn alle Frauen", wie die Geschichtenerzähler berichteten. Nicht nur sterbliche Frauen: Diarmuid war der Liebling zahlreicher Prinzessinnen der Side. Geschichten über seine Abenteuer mit Angehörigen jenes archaischen Feenvolkes berichten von Verwünschungen, die er überwand, und von dem Bösen, das er besiegte, aber auch von großem Leid.

So geschah es, daß Diarmuid dank seines edlen Charakters der schönsten Liebesfreuden teilhaftig wurde, aber er konnte sein Glück nicht festhalten, eben weil er nur ein Mensch war. Die Geschichte begann im Winter, als Schnee die Hügel Irlands bedeckte. Während der bitterkalten Tage zogen die Angehörigen der Fianna über das Land, um Rehböcke zu jagen; des Nachts trafen sie sich in den kleinen Jagdhütten, die überall in den Wäldern für sie bereitstanden.

Eines Nachts, als die Männer in ihre langen Mäntel gehüllt längst am verglimmenden Feuer schliefen, flog mit einem Krachen, das die Wände der Hütte erzittern ließ, die Tür auf, und der kalte Wind trieb Schnee herein. Die Schläfer sprangen auf und griffen nach ihren Dolchen.

In einer bitterkalten Winternacht stürzte ein abscheuliches altes Weib in eine Jagdhütte, in der irische Krieger lagerten, und bat um Unterkunft.

den, und mit ihm die Side. Mit einem Schrei sprang er auf. Er nahm seine Waffen und eilte ihr nach. Wie fast alle Angehörigen der Fianna war er ein hervorragender Fährtensucher, und er brauchte nicht lange, um den Weg zu finden, den seine Geliebte gegangen war.

Diarmuid hielt die Augen offen, so daß ihm keine Spur der Frau entging, und während er ihr folgte, fand er an drei verschiedenen Stellen Edelsteine, große tränenförmige Steine von blutroter Farbe, deren Ursache, wie er wohl ahnte, seine eigenen, grausamen Worte waren. Er wickelte die Steine in ein weißes Tuch und verbarg sie unter dem Mantel an seiner Brust.

Der Weg führte nach Westen und brachte Diarmuid an das Meer, das sich in einer leichten Brise kräuselte. Am Kiesstrand lag ein kleines Boot, eine edle Barke mit geschwungenem Bug, die eines Prinzen würdig gewesen wäre. Der Steuermann nickte und winkte Diarmuid heran, der neugierig der Aufforderung folgte.

Die Barke schoß auf das Meer hinaus. Diarmuid stand am Bug, an dem sich schäumend die Wellen teilten. Sie kamen in Gewässer, die blau schimmerten wie der tiefe Ozean. Dann wurde das Meer klar und durchsichtig wie ein Kristall. In der Tiefe tauchte, wie in einem Bergsee, eine Landschaft auf. Wiesen und Wälder jagten unter dem Schatten des Bootes dahin. Berge ragten empor. Auf einem Hügel stand eine Burg, und rundherum bewegten sich winzige Gestalten. An einem glitzernden Fluß in der Nähe stand eine alte Frau und sammelte Binsen.

Überrascht stellte Diarmuid fest, daß die Barke tauchte und ihn in diese Welt am Meeresboden trug. Das kleine Boot ruckte und hielt neben der Binsensammlerin, und der schweigsame Steuermann setzte Diarmuid ab.

Von der Alten erfuhr Diarmuid, was er wissen wollte. Er befand sich in dem Reich unter den Wellen, erklärte sie. Die Binsen sammelte sie, um die Schmerzen der Prinzessin zu lindern, die sterbend in der Burg auf dem Hügel lag, geschwächt durch Zauberworte, die sie dazu ver-

Als Diarmuid seine Geliebte wiedersah, zeigte er ihr die Edelsteine, die er gefunden hatte – und erfuhr, daß sie ihr das Leben retten konnten.

dammt hatten, sieben Jahre lang durch die Welt zu wandern, geschwächt aber auch durch die Grausamkeit des Mannes, der sie von dem Fluch erlöst hatte. Die Binsensammlerin brachte Diarmuid zum Palast und führte ihn in die Turmkammer, in der die Prinzessin lag.

Er streckte die Arme nach ihr aus, als er sie sah, denn sie war seine Geliebte, die Frau, die er verletzt und nun wiedergefunden hatte. Sie lächelte in ihrer liebreizenden Art und sagte mit schwacher Stimme: „Jedesmal wenn ich auf meinem Weg hierher an dich dachte, Diarmuid, blutete mein Herz."

Mit zitternden Fingern zog Diarmuid die drei Edelsteine hervor, die er unterwegs gefunden hatte, und zeigte sie der Prinzessin.

Sie nickte und sagte: „Diese Tropfen werden mich wieder gesund machen. Aber ich muß sie in dem goldenen Kelch auflösen, der dem König von Magh an Ionganaidh gehört, dem Ort im Westen, den das einfache Volk die Ebene des Wunders nennt. Das Land umschließt ein Fluß, dessen Winde und Wellen keinem Gesetz gehorchen. Du kannst nicht auf die andere Seite übersetzen, Diarmuid, und du kannst den Fluß auch nicht durchschwimmen. Und selbst wenn es dir gelänge, so müßte ich dennoch sterben, denn niemand hat den Kelch des Königs je bekommen."

Aber Diarmuid hatte seine Geliebte nicht gesucht und gefunden, um sie nun so schnell wieder zu verlieren. „Ich werde dir den Kelch bringen, mein Herz", versprach er und verließ sie.

Er zog allein nach Westen und kam nach zwei Tagen an den Fluß, der die Grenze von Magh an Ionganaidh bildete. Das Wasser folgte in der Tat seinem eigenen Gesetz: Es floß südwärts, um dann, noch während Diarmuid zusah, umzukehren. An der Stelle, an der die Strömung wechselte, stiegen Blasen, Wirbel und Schaum auf. Der Wind zerrte an den Wellen und sog sie in schimmernden Säulen empor.

Auf einem Fels inmitten des Aufruhrs stand unbeeindruckt ein Fremder, ein großer Mann

Diarmuid erschlug jeden Krieger, der ihn daran hindern wollte, den goldenen Kelch an sich zu nehmen, durch den seine Geliebte gesunden konnte.

von der Schlankheit gewisser Elfen. Er trug rote Kleidung und einen roten Umhang; und seine Augen sprühten Flammen.

„Du bist Diarmuid, der Sohn des Donn", sagte er, und seine hohe, überraschend sanfte Stimme übertönte das Tosen des Wassers.

„Der bin ich", erwiderte Diarmuid. „Ich will nach Magh an Ionganaidh übersetzen."

„Tapferer Mann", bemerkte der Elf und lächelte ein flackerndes Lächeln. „Ich kenne deine Aufgabe, Diarmuid, und ich kann dich über dieses Wasser tragen, aber ich warne dich vor der Ebene des Wunders."

„Das hindert mich nicht, zu gehen."

Da beugte sich der Elf abrupt vor, und sein Körper schien sich zu dehnen und zu strecken wie eine Rauchfahne. Seine Hand legte sich um Diarmuids Fußgelenk wie eine Ranke. Dann hob er den irischen Krieger auf seine Schultern und trug ihn über die brodelnden Fluten.

Er setzte Diarmuid am Ufer ab und sagte: „Zieh weiter, Reisender, und leb wohl." Bevor Diarmuid ihm danken oder irgend eine Frage stellen konnte, war der Elf verschwunden. Doch aus der Luft erklang noch einmal die helle Stimme: „Ich kann dir folgen, Diarmuid. Ich weiß, daß du ausgezogen bist, ein Leben zu retten. Aber ich kann dir nicht helfen."

So schritt Diarmuid weiter und betrat die kahle Ebene des Wunders. Am Abend desselben Tages stand er vor der Burg des Königs. Das Tor war verschlossen, und die Mauern ragten steil über die Ebene empor. Diarmuid rief eine Herausforderung: Der König möge ihm den Kelch freiwillig aushändigen oder seine Krieger schicken, damit sie ihn verteidigten.

Krieger beantworteten seinen Ruf. Sie stürmten aus dem Tor, die Speere wurfbereit in den Händen, und ihr Kampfgeschrei hallte über die Ebene. Die ganze Horde stürzte direkt auf Diarmuid zu, der die ersten mit Schleudersteinen zu Boden warf. Dann zog er sein Breitschwert und schlug auf die Überlebenden ein. Er kämpfte mit der rasenden

Eine feurige Gestalt erschien, um Diarmuid zu führen. Der Elf brachte ihn zu einer Quelle, vor deren heilendem Wasser er ihn warnte.

Wut seines Volkes, und am Ende stand er allein auf der Ebene, umgeben von Toten.

Langsam öffnete sich das Tor der Festung. Ein alter Mann stand im Bogengang und blickte Diarmuid ernst entgegen. In den Händen hielt er einen goldenen Kelch; Edelsteine zierten ihn, die hell in der rötlichen Sonne blitzten.

„Wer ist es, der meine besten Männer erschlägt?" fragte der Alte.

„Ich bin Diarmuid, der Sohn des Donn und ein Kämpfer der Fianna von Irland."

„Dann kenne ich deinen Namen. Mehr noch, ich kenne die Weissagung, nach der du die Blüte meiner Krieger erschlagen würdest. Was ist es, das du begehrst?"

„Den heilenden Kelch, den du in Händen hältst", antwortete Diarmuid. Und der alte König trat zu ihm und reichte ihm den Kelch; dann drehte er sich um und kehrte in seine Burg zurück. Krachend schlossen sich hinter ihm die Torflügel. Und Diarmuid eilte davon.

An dem Fluß, der die Grenze von Magh an Ionganaidh bildete, erwartete ihn der fremde Elf, als ob er ihm unsichtbar vorausgegangen wäre und den Weg gewiesen hätte. „Nun, Diarmuid", sagte er, „es scheint, daß du entschlossen bist, deiner Dame das Leben zu bringen."

„So ist es. Und selbst du kannst mich nicht aufhalten", entgegnete Diarmuid.

„Aber ich will dich gar nicht aufhalten", gab der Elf zur Antwort. „Ich will dir alles Nötige geben, damit du deine Dame heilen kannst. Aber du wirst sie verlieren, indem du sie heilst."

„Wieso?" fragte Diarmuid.

„Weil ihresgleichen in Gesellschaft der Sterblichen nicht lange verweilen kann. Denk an das Leid, das du ihr zugefügt hast. Würdest du ihr das Leben zurückgeben, nur um es ihr mit unbedachten Worten wieder zu nehmen?"

Diarmuid senkte den Kopf. Dann nickte er und folgte seinem seltsamen Führer. Der Mann brachte ihn zu einer kleinen Quelle und forderte ihn auf, den Kelch mit Wasser zu füllen.

Diarmuid sah zu, wie seine Geliebte trank und ihre Gesundheit wiedererlangte. Doch während dies geschah, drang Eiseskälte in sein Herz.

„Gib ihr drei Schluck davon zu trinken", erklärte der Elf. „Vor jedem Schluck löse einen der drei Edelsteine aus ihrem Herzblut in dem Kelch auf. Wenn sie getrunken hat, wird sie geheilt sein. Aber ich warne dich: Danach wirst du sie nicht mehr lieben, und wenn sie dich ansieht, wird sie es wissen."

Tränen traten Diarmuid in die Augen, aber er ging seines Weges, überquerte den Grenzfluß und durchschritt die Felder des Reiches unter den Wellen und betrat den Turm, in dem seine Geliebte ihn erwartete.

Ihre Augen leuchteten, als sie ihn erblickte, und Diarmuids Herz krampfte sich zusammen, so schön und liebreizend war sie anzusehen. Er reichte ihr den Kelch, den er so sorgsam getragen hatte, und ließ einen blutroten Edelstein in das Wasser gleiten.

„Trink, mein Herz", sagte er und sah zu, wie seine Geliebte gehorchte. Noch zweimal trank sie, und nachdem sie den Kelch geleert hatte und ein rosiger Hauch auf ihre Wangen zurückgekehrt war, hob sie den Blick und sah Diarmuid in die Augen.

In ihrem bezaubernden Gesicht konnte Diarmuid lesen, was die Dame sah: einen Sterblichen, abgekämpft und etwas grobschlächtig, der sie gleichgültig, ja ungeduldig anblickte. Die Worte des Elfen hatten sich erfüllt, und die Liebe war aus seinem Herzen gewichen.

Sie sagte: „Es scheint, daß du uns verlassen willst." Ihre Stimme klang kühl und wissend, voll der Weisheit des Feenvolkes.

„Wir müssen uns trennen", erwiderte er.

Sie nickte und zeigte zum Fenster. Vom Himmel ihrer Welt, durch das Wasser voller glitzernder Reflexe, näherte sich eine Barke den Hügeln des Reiches unter den Wellen. Das Boot und sein schweigsamer Steuermann waren gekommen, um Diarmuid zurückzubringen. Er sah seine Dame niemals wieder, obwohl er viele Male das Meer überquerte. Diarmuid liebte sie nicht mehr, aber er vergaß die Liebe nie, die er einmal erlebt hatte.

Ein Zauberboot trug Diarmuid zurück in seine eigene Welt und zu seinen Gefährten, fern der Prinzessin, die er so heiß geliebt hatte.

Quellennachweis der Abbildungen

Nachstehend sind die Quellen für die Illustrationen dieses Buches aufgeführt. Soweit bekannt, ist der Name des Künstlers dem Nachweis vorangestellt.

Einband: Sir Edward Burne-Jones (Ausschnitt), mit frdl. Genehmigung von The National Trust, London. 1–5: Vignetten von Alicia Austin. 6: Illustration von Julek Heller. 7: Vignette von Alicia Austin. 9: Howard Pyle, Privatsammlung, mit frdl. Genehmigung von Delaware Art Museum und Charles Scribner's Sons; Vignette von Alicia Austin. 10, 11: Vignette von Alicia Austin. 12: John Duncan, mit frdl. Genehmigung des City of Edinburgh Art Centre, Photo von Sean Hudson, Edinburgh. 14: Vignette von Alicia Austin. 15, 16: Sir Edward Burne-Jones (Ausschnitt), mit frdl. Genehmigung von Birmingham Museum and Art Gallery, Birmingham. 17: Vignette von Alicia Austin. 18, 19: Illustration von John Howe. 21: Edmund Dulac, Copyright Geraldine M. Anderson, aus *Sinbad the Sailor and Other Stories from the Arabian Nights*, Hodder and Stoughton, 1914, mit frdl. Genehmigung der Mary Evans Picture Library, London. 23: Vignette von Alicia Austin. 24, 25: Illustration von Matt Mahurin. 26, 27: Vignette von Alicia Austin. 28–49: Illustrationen von Matt Mahurin. 50: John Duncan (Ausschnitt), mit frdl. Genehmigung der Dundee Art Galleries and Museums, Dundee. 51, 53: Vignette von Alicia Austin. 54, 55: Illustration von John Howe. 56–59: Illustrationen von John Collier. 60: Anthony Frederick Augustus Sandys (Ausschnitt), mit frdl. Genehmigung von Birmingham Museum and Art Gallery, Birmingham. 61: Vignette von Alicia Austin. 62, 63: Illustration von John Collier. 64, 65: Vignette von Alicia Austin. 66, 67: Illustration von John Collier. 69–73: Illustrationen von Donna Neary. 74–87: Illustrationen von Roberto Innocenti. 88: Illustration von Yvonne Gilbert. 89: Vignette von Alicia Austin. 91, 92: Illustrationen von Yvonne Gilbert. 93: Arthur Rackham, aus *Fairy Tales of the Brothers Grimm*, Constable and Co. Ltd., 1909, mit Erlaubnis von Barbara Edwards, mit frdl. Genehmigung der Mary Evans Picture Library, London. 94, 95: Vignette von Alicia Austin. 96–100: Illustrationen von Matt Mahurin. 103–108: Holzschnitte von Williams Morris, nach Illustrationen von Sir Edward Burne-Jones, aus *William Morris: The Story of Cupid and Psyche*, Cambridge and London, 1974, Copyright The Society of Antiquaries, mit Genehmigung der Clover Hill Editions. 111: Illustration von Matt Mahurin. 112, 113: Illustration von Julek Heller. 114, 115: Illustration von Julek Heller; Vignette von Alicia Austin. 116, 117: Vignette von Alicia Austin. 118–121: Illustrationen von Michael Hague. 122: Illustration von Michael Hague; Vignette von Alicia Austin. 124–139: Illustration von John Howe. 144: Illustration von Alicia Austin.

Bibliographie

Aladin und die Wunderlampe. Aus d. Arabischen von Enno Littmann. Insel-Verlag, Frankfurt 1976

Aldington, Richard, und Ames, Delano (Übers.): *New Larousse Encyclopedia of Mythology.* The Hamlyn Publishing Group, London 1974

Apuleius: *Der Goldene Esel.* Aus d. Lateinischen von Albrecht Schaeffer. Insel-Verlag, Frankfurt a. M. 1975

Benning, Maria Ch.: *Alt-Irische Mysterien und ihre Spiegelung in der keltischen Mythologie.* Mellinger, Stuttgart 1978

Bloch, Chayim: *The Golem: Legends of the Ghetto of Prague.* Übersetzt v. Harry Schneideman. Selbstverlag, Wien 1925

Briggs, Katharine: *An Encyclopedia of Fairies: Hobgoblins, Brownies, Bogies, and Other Supernatural Creatures.* Pantheon Books, New York 1976

The Personnel of Fairyland. Singing Tree Press, Detroit 1971

Bulfinch, Thomas: *Bulfinch's Mythology.* The Modern Library, New York, o. J.

Myths of Greece and Rome. Ausgew. v. Bryan Holme. Penguin Books, New York 1981*

Burton, Richard F. (Übers.): *Tales from the Arabian Nights.* Hrsg. David Shumaker. Avenel Books, New York 1978

Canby, Thomas Y.: *„The Rat: Lapdog of the Devil."* The National Geographic Magazine, Juli 1977

Cavendish, Richard: *King Arthur & the Grail: The Arthurian Legends and their Meaning.* Taplinger, New York 1979*

Cavendish, Richard (Hrsg.): *Man, Myth & Magic.* 11 Bde. Marshall Cavendish, New York 1983

Cole, Joanna: *Best-Loved Folktales of the World.* Doubleday, New York 1982

Cooper, J. C.: *Fairy Tales: Allegories of the Inner Life.* The Aquarian Press, Wellingborough (England) 1983

Daniels, Cora Linn, und Stevans, C.M. (Hrsg.): *Encyclopaedia of Superstitions, Folklore, and the Occult Sciences of the World.* Bd. 1, 2 und 3. Gale Research, Detroit 1971 (Reprint der Ausgabe von 1903)

Encyclopaedia Judaica. Keter Publishing House, Jerusalem 1973

Evans, C. S.: *Sleeping Beauty.* Dover Publications, New York 1976 (Reprint der Ausgabe von 1920)

Evans, Joan (Hrsg.): *Blüte des Mittelalters. Die Welt der Ritter und der Mönche.* Droemer Knaur, München 1980

Folkard, Richard, Jr.: *Plant-Lore, Legends, and Lyrics.* Sampson Low, Marston, Searle, und Rivington, London 1884

Ford, Patrick K. (Übers.): *The Mabinogi and Other Medieval Welsh Tales.* University of California Press, Berkeley 1977*

Gallant, Roy A.: *The Constellations: How They Came to Be.* Four Winds Press, New York 1979

Geschichten aus Tausendundeiner Nacht. Aus d. Arabischen von Max Henning. Röderberg-Verlag, Frankfurt 1983

Gibson, Michael: *Götter und Helden der Griechen.* Tessloff-Verlag, Hamburg 1979

Graves, Robert: *The Greek Myths.* Bd. 1 und 2. Penguin Books, New York 1983

Green, Roger Lancelyn: *King Arthur and His Knights of the Round Table: Newly Re-Told out of the Old Romances.* Penguin Books, Puffin Books, Harmondsworth (England) 1982

Gregory, Lady (Hrsg. u. Übers.): *Gods and Fighting Men: The Story of the Tuatha De Danaan and of the Fianna of Ireland.* Colin Smythe, Gerrards Cross (England) 1979 (Reprint der Ausgabe von 1904)*

Grimm, Brüder: *Deutsche Sagen.* Winkler-Verlag, München 1981

Kinder- und Hausmärchen der Brüder Grimm. 2 Bde. Hrsg. von Heinz Rölleke. Eugen-Diederichs-Verlag, Köln 1984

Guest, Lady Charlotte (Übers.): *The Mabinogion, from the Welsh of the Llyfr Coch O Hergest (The Red Book of Hergest).* Bernard Quaritch, London 1877

Hall, Louis B. (Übers.): *The Knightly Tales of Sir Gawain.* Nelson-Hall, Chicago 1976

Hamilton, Edith: *Mythology.* New American Library, New York 1969

Hartland, Edwin Sidney: *The Science of Fairy Tales. An Inquiry into Fairy Mythology.* Singing Tree Press, Detroit 1968 (Reprint der Ausgabe von 1891)*

Hetmann, Frederik (Hrsg. u. Übers.): *Zaubermärchen aus Wales.* Fischer Taschenbuch Verlag, Frankfurt 1977

Hindley, Geoffrey (Hrsg.): *Larousse Encyclopedia of Music.* The Hamlyn Publishing Group, London 1974

Historische Sagen. Bd. 1: *Fahrten, Abenteuer und merkwürdige Begebenheiten.* Bd. II: *Ritter, Räuber und geistliche Herren.* Hrsg. Leander Petzolat. C. H. Beck, München 1976/1977

Housman, Laurence: *Arabian Nights (Stories Told by Scheherazade).* Abaris Books, New York 1981

Humble, Richard: *Die Entdecker.* (Aus d. Reihe: Die Seefahrer). Time-Life-Bücher, Amsterdam 1979

Jacobs, Joseph: *English Fairy Tales.* Dover Publications, New York 1967 (Reprint der Ausgabe von 1898)

Joyce, P. W.: *A Smaller Social History of Ancient Ireland.* Longmans, Green, London 1906

Karr, Phyllis Ann: *The King Arthur Companion.* Selbstverlag 1983

Lang, Andrew (Hrsg.): *The Blue Fairy Book.* Dover Publications, New York 1965 (Reprint der Ausgabe von 1889)

Leach, Maria (Hrsg.): *Funk & Wagnall's Standard Dictionary of Folklore, Mythology and Legend.* 2 Bde. Funk & Wagnalls, New York 1949*

Lehane, Brendan: *The Companion Guide to Ireland.* William Collins Sons & Company, London 1973

MacCulloch, J. A.: *The Childhood of Fiction: A Study of Folk Tales and Primitive Thought.* John Murray, London 1905*

MacCulloch, John Arnott, und Machal, Jan: *The Mythology of All Races.* Band 3: *Celtic, Slavic.* Cooper Square, New York 1964*

McDermott, Beverly Brodsky: *The Golem: A Jewish Legend.* J. B. Lippincott, Philadelphia 1976

Malory, Sir Thomas: *König Artus. Die Geschichten von König Artus und den Rittern seiner Tafelrunde.* 3 Bde. Insel-Verlag, Frankfurt 1977

Morford, Mark P. O., und Lenardon, Robert J.: *Classical Mythology.* Longman, New York 1977

Mulherin, Jennifer (Hrsg.): *Favourite Fairy Tales.* Granada Publishing, London 1982

Nack, Emil: *Götter, Helden und Dämonen. Mythologie der Ägypter, Griechen, Römer und Germanen.* Carl Ueberreuter, Wien 1980

Opie, Iona und Peter: *The Classic Fairy Tales.* Oxford University Press, New York 1980

Ovid: *Metamorphosen.* Wilhelm Goldmann, München 1981

Perrault, Charles, und Madame d'Aulnoy: *Französische Märchen.* Dausien, Hanau 1979

Pyle, Howard: *The Story of the Champions of the Round Table.* Dover Publications, New York 1968 (Reprint der Ausgabe von 1905)

The Story of King Arthur and His Knights. Charles Scribner's Sons, New York 1903

Quiller-Couch, Sir Arthur: *The Sleeping Beauty and Other Fairy Tales from the Old French.* Abaris Books, New York 1980

Rees, Alwyn und Brinley: *Celtic Heritage: Ancient Traditions in Ireland and Wales.* Thames and Hudson, New York 1961

Rolleston, T. W.: *The High Deeds of Finn and Other Bardic Romances of Ancient Ireland.* Lemma Publishing, New York 1973

Myths & Legends of the Celtic Race. George G. Harrap, London 1911*

Ross, Anne: *Pagan Celtic Britain: Studies in Iconography and Tradition.* Routledge and Kegan Paul, London 1967

Sanders, Tao Tao Liu: *Dragons, Gods & Spirits from Chinese Mythology.* Schocken Books, New York 1980

Saul, George Brandon: *The Shadow of the Three Queens.* The Stackpole Company, Harrisburg (Pennsylvania) 1953

Saul, George Brandon (Übers.): *The Wedding of Sir Gawain and Dame Ragnell.* Prentice-Hall, New York 1934

Spence, Lewis: *British Fairy Origins.* The Aquarian Press, Wellingborough (England) 1981

Squire, Charles: *Celtic Myth & Legend, Poetry & Romance.* Newcastle Publishing, North Hollywood (Kalifornien) 1975

Steele, Flora Annie: *English Fairy Tales.* Mayflower Books, New York 1979 (Reprint der Ausgabe von 1918)

Stephens, James: *Fionn der Held. Irische Heldensagen für die Jugend erzählt.* J. Ch. Mellinger, Stuttgart 1981

Thompson, Stith: *The Folktale.* University of California Press, Berkeley 1977

Motif-Index of Folk-Literature. Indiana University Press, Bloomington 1955

Thompson, Stith (Übers.): *The Types of the Folktale: A Classification and Bibliography.* Academia Scientiarum Fennica, Helsinki 1961*

Walton, Evangeline: *Die vier Zweige des Mabinogi.* Aus dem Amerikanischen übertragen von Jürgen Schweier. Klett-Cotta, Stuttgart 1983

Weston, Jessie L.: *The Legend of Sir Gawain: Studies upon Its Original Scope and Significance.* AMS Press, New York 1972 (Reprint der Ausgabe von 1897)

Whitelock, Dorothy: *The Beginnings of English Society.* Penguin Books, Harmondsworth (England) 1981

Winston, Clara und Richard: *The Horizon Book of Daily Life in the Middle Ages.* American Heritage, New York 1975

Yarwood, Doreen: *European Custome. 4000 Years of Fashion.* Bonanza Books, New York 1982

Young, Ella: *Keltische Mythologie.* Übers. v. Maria Ch. Benning. J. Ch. Mellinger, Stuttgart 1977

* *Mit einem Stern gekennzeichnete Titel waren bei der Vorbereitung dieses Buches besonders hilfreich.*

Danksagungen

Der Dank der Herausgeber gilt folgenden Personen und Institutionen für ihre Hilfe bei der Vorbereitung dieses Buchs: Ancilla Antonini, Scala, Florenz; François Avril, Kurator, Département des Manuscrits, Bibliothèque Nationale, Paris; Laure Beaumont, leit. Kuratorin, Cabinet des Estampes, Bibliothèque Nationale, Paris; Clark Evans, Rare Book and Special Collections Division, Library of Congress, Washington, D. C.; Marielise Göpel, Archiv für Kunst und Geschichte, Berlin (West); Julian Hartnoll, London; Elizabeth H. Hawkes, stellv. Kuratorin, Delaware Art Museum, Wilmington, Delaware; Christine Hofmann, Bayerische Staatsgemäldesammlungen, München; Ann Hughey, Potomac, Maryland; Norbert Humburg, Museum von Hameln, Hameln; Heidi Klein, Bildarchiv Preußischer Kulturbesitz, Berlin (West); Roland Klemig, Bildarchiv Preußischer Kulturbesitz, West-Berlin; Waltraud von Kries, Westfälisches Landesmuseum für Kunst und Kulturgeschichte, Münster; Kunsthistorisches Institut der Universität Bonn, Bonn; Ivan Loskoutoff, Courbevoie, Frankreich; Bernd Meier, Kunstbibliothek, West-Berlin; Christine Poulson, London; Beatrice Premoli, Museo Nazionale delle Arti e Tradizioni Popolari, Rom; Luisa Ricciarini, Mailand; Justin Schiller, New York City; Robert Shields, Rare Book and Special Collections Division, Library of Congress, Washington, D. C.; Tessa Sidey, Kustodin, Birmingham Museum and Art Gallery, Birmingham, England; Clara Young, Kunstkustodin, Dundee Art Galleries and Museums, Dundee, Schottland.

TIME-LIFE BÜCHER

Leitung der europäischen Redaktion: Kit van Tulleken
Stellvertretende Redaktionsleiterin: Gillian Moore
Direktor des Designs: Ed Skyner
Direktorin der Photographie: Pamela Marke
Leitung der Dokumentation: Vanessa Kramer
Chefassistentin: Ilse Gray

VERZAUBERTE WELTEN

Chefredakteurin: Ellen Phillips
Stellvertretender Chefredakteur: Robin Richman
Designer: Dale Pollekoff
Leiterin der Dokumentation: Jane Edwin

Redaktionsstab des Bandes *Zauberbann und Zaubersprüche*
Dokumentation: Patricia N. McKinney
Assistentin des Designers: Lorraine D. Rivard
Textkoordination: Barbara Fairchild Quarmby, Robert M. S. Somerville
Bildkoordination: Nancy C. Scott
Redaktionsassistentin: Constance B. Strawbridge

Leitung der deutschen Redaktion: Hans-Heinrich Wellmann

Aus dem Englischen übertragen von Alžbeta Lettowsky

Korrespondenten: Elisabeth Kraemer-Singh (Bonn); Margot Hapgood, Dorothy Bacon (London); Miriam Hsia (New York); Maria Vincenza Aloisi, Josephine du Brusle (Paris); Ann Natanson (Rom). Wertvolle Hilfe leisteten außerdem: Judy Aspinall (London); Felix Rosenthal (Moskau); Christina Lieberman (New York); Dag Christensen (Oslo).

Produktionsstab:
Produktionsassistenten: Nikki Allen, Alan Godwin, Maureen Kelly
Editorial Department: Theresa John, Debra Lelliott

REPROSATZ: UTESCH SATZTECHNIK GMBH, HAMBURG
DRUCK UND EINBAND: BREPOLS S.A., TURNHOUT, BELGIEN

Der Berater

Tristram Potter Coffin, Professor für englische Sprache und Literatur an der University of Pennsylvania, ist eine führende Kapazität auf dem Gebiet der Volkssagen und Volkskunde. Er hat zahlreiche Bücher und mehr als 100 Artikel verfaßt. Seine bekanntesten Werke sind *The British Traditional Ballad in North America, The Old Ball Game, The Book of Christmas Folklore* und *The Female Hero.*

Dieser Band gehört zu einer Reihe, die sich mit Mythen, Sagen und Märchen befaßt.

Authorized German language edition

Second German printing 1988.

ISBN 90-6182-860-0

TIME LIFE BÜCHER

GEHEIMNISSE DES UNBEKANNTEN
SPEKTRUM DER WELTGESCHICHTE
FIT UND GESUND
GESUNDE KÜCHE FÜR GENIESSER
COMPUTER VERSTEHEN
VERZAUBERTE WELTEN
LÄNDER DER ERDE
HANDBUCH DES HEIMWERKERS
KLASSISCHE REISEBERICHTE
DER PLANET ERDE
VÖLKER DER WILDNIS
DIE GESCHICHTE DER LUFTFAHRT
DIE SEEFAHRER
DER ZWEITE WELTKRIEG
DIE KUNST DES KOCHENS
DER WILDE WESTEN
HANDBUCH DER GARTENKUNDE
DIE GROSSEN STÄDTE
DIE WILDNISSE DER WELT
DIE FRÜHZEIT DES MENSCHEN
DIE PHOTOGRAPHIE
DIE WELT DER KUNST
ZEITALTER DER MENSCHHEIT
WUNDER DER WISSENSCHAFT
WUNDER DER NATUR
DAS GROSSE BUCH DES YACHTSPORTS
DAS GROSSE BUCH DER PHOTOGRAPHIE
LIFE IM KRIEG
LIFE IM KINO
DIE BESTEN PHOTOS AUS LIFE
LIFE IM WELTRAUM